eクチコミと消費者行動

情報取得・製品評価プロセスにおける
eクチコミの多様な影響

KIKUMORI Mai
菊 盛 真 衣 ［著］

千倉書房

まえがき

　1990年代後半から消費者の間でインターネットが急速に発展，普及した。この新たな情報通信技術の普及に伴って，消費者は，これまで直接対面したことのない見ず知らずの他者と，インターネット上で製品やサービスに関する情報の授受を行うことができるようになった。例えば，ある製品やサービスに対して興味を持ったとき，あるいは，それを購買するかを真剣に検討しようとしたとき，消費者は，インターネット上でその製品やサービスを経験した他の消費者からのクチコミを収集し，参考にするようになった。このように，インターネット上に存在する製品やサービスの良し悪しの評価に関する情報，すなわちインターネット上のクチコミはeクチコミと呼ばれる。

　eクチコミは，マス・メディアを介したマーケティング・コミュニケーション，すなわち広告と比べて，消費者の購買行動を大きく左右する影響があると指摘されている。それゆえ，eクチコミは，実務的にも学術的にも非常に高い関心が寄せられている研究トピックである。eクチコミが消費者行動にいかなる影響を与えるのか，という問いへの取り組みは，数多くのマーケティング研究者によってなされてきた。しかしながら，eクチコミの影響に関して蓄積されてきた研究の大半は，あるeクチコミに特有の特徴を考慮してこなかった。その特徴とは，受け手である消費者が，1人の送り手からの肯定的な（正の），あるいは，否定的な（負の）内容のクチコミのどちらか一方にしか露出できない対面のクチコミとは違って，受信者が異なる複数の情報源から発信された正と負のeクチコミの両方に同時的に露出することができるという点である。

　本書の目的は，eクチコミの特徴，すなわち消費者が複数の正および負のeクチコミに同時に露出することができることを「eクチコミの正負比率」という概念として変数化したうえで，それが消費者行動に与える多様な影響

について，理論的・実証的に説明することにある。この目的のもとで，本書では2つの研究課題を設定している。

第1の研究課題：eクチコミの正負比率が消費者の製品評価に与える影響を検討すること

第2の研究課題：eクチコミの正負比率が消費者の情報探索に与える影響を検討すること

　具体的に，第1の研究課題については，消費者が1つのウェブページ上で複数の正と負のeクチコミに露出する状況を想定すると生じうる3つの現象，すなわち，負のeクチコミの存在が消費者の製品評価に正の影響を与える現象，その影響が促進される現象，および，負のeクチコミの存在による負の影響が緩和される現象がいかなる条件のもとで発生するのかを特定することを試みる。第2の研究課題については，1つのウェブページ上で複数の正と負のeクチコミに露出した消費者が，当該ページ上での情報探索を注意深く行おうとしたり，逆に中断したりするという現象がいかにして生起するのかを説明することを目指す。

　本書の特色は次の2点に要約される。第1は，第1の研究課題への取り組みにあたって，複数の調整変数を考慮に入れることによって，eクチコミの正負比率が消費者の製品評価に与える多様な影響を描写したことである。第1の研究課題に対応する一連の研究では，eクチコミの正負比率がもたらす影響を調整しうる要因として，製品・受信者・情報・環境特性に着目した。結果として，1つのウェブページ上に存在する一定の割合の負のeクチコミが消費者の製品評価に正の影響を与える条件が，(1)クチコミ対象製品が快楽財である場合，(2)専門性の高い消費者が属性中心的クチコミを読む場合，(3)クチコミ・プラットフォームがマーケター作成型である場合であることを特定した。さらに，その影響が促進される条件が，1つのウェブページ上に存在する一定の割合の負のeクチコミがまとめて当該ページの先頭に掲載される場合であることを特定した。そして，1つのウェブページ上に存在す

る負のeクチコミの負の影響が緩和される条件が, (1)経験財である場合, (2)消費者のブランド精通性が高い場合であることを特定した。

　eクチコミの正負比率に関する研究はすでにいくつか存在しているものの, そうした先行研究は, eクチコミの正負比率が8:2のときの方が, 10:0のときと比較して効果的であるという逆説的な現象の発生を指摘するだけにとどまっていた。それに対して, 本書は負のeクチコミが一定の割合存在するときの方が, 全く存在しない場合と比べて消費者の製品評価に有効に作用する, あるいは, 両者の場合で消費者の製品評価が同程度になるのはいかなる状況であるかを, eクチコミを取り巻く様々な特性の中に見出そうと試みて, 実証分析を地道に重ねている点に, 本書の第1の特色を見出すことができるだろう。

　第2の特色は, 第2の研究課題への取り組みにあたって, eクチコミ研究における説明対象を消費者の製品評価に限定するのではなく, 消費者購買意思決定プロセスの川上に当たる情報取得段階まで拡張したことである。第2の研究課題に対応する研究では, eクチコミの正負比率が影響を与える従属変数として, eクチコミが掲載されたウェブページに対する情報探索意図が設定された。結果として, 1つのウェブページ上のeクチコミの正負比率が異なれば, そのウェブページ上での消費者の情報取得行動が異なるということとを示した。

　eクチコミの影響に関する研究は, 消費者が1つのウェブページ上で単一のあるいは複数のeクチコミに露出したうえで, そのクチコミ・メッセージに基づいてクチコミ対象製品を評価するという状況を前提としてきた。それに対して, 本書はeクチコミの正負比率と消費者の情報取得行動の関係について実証分析を行った点は, 本書の第2の特色と見なすことができるだろう。

eクチコミと消費者行動
情報取得・製品評価プロセスにおけるeクチコミの多様な影響

目　次

第 1 章　**はじめに**

第1節　研究目的

　マーケティング論において取り扱われてきた数々の研究トピックは，"交換"という概念枠組の中で議論されてきた。交換枠組とは，売り手と買い手が製品とその代価を"交換"することを前提とした枠組みである（小野，2002）。売り手と買い手の間で交換されるのは，製品とその代価だけではなく，情報，サービス，および所有権も含まれる（清水，1988）。交換対象の1つである情報に着目すると，古くから広告研究において，売り手から買い手への情報の供与について議論がなされてきた。売り手ではなく買い手の発信した製品情報，すなわちクチコミ（word of mouth）が別の買い手に供与される現象については，広告研究と同程度古くからクチコミ研究において議論がなされてきた。例えば「あれはとても良い製品だったからお薦めだよ。」といった買い手である消費者同士の素朴な会話の中に存在するクチコミは，売り手が発信する広告より，受け手である消費者の行動に大きな影響を与えうるということが多くの研究によって示唆されてきた（e.g., Day, 1971; Engel, Kegerreis, and Blackwell, 1969; Sheth, 1971）。一介の消費者同士の対人コミュニケーションに過ぎないクチコミが，企業が莫大な費用を投じて行う広告活動より，消費者の意思決定や行動を大きく変えうるという点から，クチコミはマーケティング論における重要な研究トピックとして取り扱われ，研究成果が豊富に蓄積されてきた。

　1990年代後半より，インターネットが急速に発展，普及するのに伴って，企業はウェブページを開設して自社の情報を自在に提供できるようになった一方で，消費者は，オンラインショッピングサイトやクチコミサイト，ソーシャル・ネットワーキング・サービス（SNS）のようなソーシャルメディアを通じて，対面では会ったこともない消費者との間で情報の交換を行えるようになった（濱岡・里村，2009; Henning-Thurau, Gwinner, Walsh, and Gremler, 2004）。

すなわち，消費者は，インターネット上のクチコミ（eクチコミ）を通じて，あらゆる製品・サービスに関する情報を十分に収集したうえで，製品評価および購買意思決定を行えるようになった（Cui, Lui, and Guo, 2012; Goldenberg, Libai, and Muller, 2001）。eクチコミは，ある製品の購買を検討する消費者からは，広告よりも信頼性の高い重要な情報源の1つとして，マーケターからは，自社製品の売上を向上させるための重要なマーケティング・ツールとして見なされるようになった（e.g., Dellarocas, 2003; Trusov, Bucklin, and Pauwels, 2009）。

実務的な重要性が高まっているeクチコミは，学術的にも高い関心が寄せられている研究トピックであり，eクチコミが消費者行動に与える影響については，多くの研究者が検討してきた（e.g., Dellarocas, Zhang, and Awad, 2007; Gupta and Harris, 2010; Huang and Chen, 2006; Park and Kim, 2008; Riegner, 2007; Schlosser, 2011; Sen and Lerman, 2007; Senecal and Nantel, 2004; 杉谷, 2008）。しかしながら，それらの大半は，従来の対面クチコミと同様の文脈においてeクチコミの影響を描写しており，eクチコミに特有の特徴を捉えていなかった。

本書は，受け手が肯定的な（すなわち，正の），あるいは否定的な（すなわち，負の）クチコミのどちらか一方にしか露出できない対面クチコミとは異なり，受信者が異なる複数の情報源から発信された正と負のクチコミの両方に同時に露出することができるというeクチコミの持つ最大の特徴を考慮に入れ，eクチコミの正負比率[1]が消費者行動に与える多様な影響をモデル化し，実証することを目指す試論である。具体的に，(1) 消費者が1つのウェブページ上で複数の正と負のeクチコミに露出する状況を想定すると生じる3つの現象，すなわち，負のeクチコミの存在が消費者の製品評価に正の影響を与える現象，その影響が促進される現象，および，負のeクチコミの存在による負の影響が緩和される現象が，いかなる条件のもとで生起するのか，そして，(2) 1つのウェブページ上で複数の正と負のeクチコミに露出した消費者が，同一ページ上での情報探索を注意深く行ったり，中断したりするという興味深い現象がいかにして生起するのかを検討することを目的とする。以下では，本書が対象とするeクチコミの定義を特定化する。そのう

えで，本書がいかなる問題意識を有しているのかを示したのちに，本書において取り組まれる具体的な研究課題を示す。

第2節　研究対象

　第1節で述べたように，本書は，eクチコミの正負比率が消費者行動に与える多様な影響をモデル化し，実証することを研究目的として設定している。本書において中心的に取り扱われるeクチコミには，じつに多様な形態が存在しているため，本書がいかなるeクチコミを対象としているのかを特定化することによって，議論の混乱を避ける必要があるだろう。

　そもそも，クチコミを意味する"word of mouth"という単語は，非常に古くから日常的に使用されており，1533年にはオックスフォード英語辞典に収録されていたと言われている（Nyilasy, 2006）。辞典には，「書き言葉，およびその他の手法の表現とは異なり，『口頭のコミュニケーション』，『口頭のパブリシティ』，あるいは，単純に『話すこと』である」と定義されている。

　このように，元来，人が話すという素朴な現象がクチコミとして認識されてきたが，マーケティング研究者は，クチコミを商業的な事柄についての対人コミュニケーションという現象に限定した。Arndt（1967a）によると，クチコミとは「口頭の，受け手から非商業的であると知覚される送り手と受け手との間の個人対個人のコミュニケーションであり，その内容はあるブランド，製品，あるいはサービスに関するもの」である。この定義に基づくと，クチコミには3つの要件が存在する（濱岡・里村, 2009; Nyilasy, 2006）。第1に，対人的なコミュニケーションであることが挙げられる。この要件によって，クチコミは，広告のようなマス・コミュニケーションや第三者を情報源とす

るその他の一方向的なコミュニケーションと区別される。第2に，クチコミの内容は商業的であることが挙げられる。商業的な内容とは，製品，製品カテゴリー，ブランド，およびマーケターに限らず，広告主が話題となることである（Dichter, 1966）。第3に，送り手は商業的に動機づけられていないと受け手が知覚することが挙げられる。送り手である消費者は，企業の従業員であるからではなく，また，企業からインセンティブを受け取っているからでもなく，自らの意思によって話しており，マーケターと結びついていないと受け手が知覚する必要がある。

こうした3つの要件から構成されるクチコミの定義は，既存研究においておおむね一貫して用いられてきた。例えば，Webster（1970）によると，クチコミとは「非商業的であると知覚される送り手と受け手との間の対人コミュニケーションであり，それは，製品やサービスに関するもの」であり，Martilla（1971）によると「個人的な情報源から聞かされた意見」であり，Traylor and Mathias（1983）によると「製品あるいはサービスについて友人から聞くこと」であり，Reingen and Kernan（1986）によると「パーソナル・セリングと関係しない対人の相互作用」であり，Westbrook（1987）によると「所有，使用，あるいは，特定の財，サービスおよび／あるいは売り手の特徴に関する，他の消費者に向けられた非公式のコミュニケーション」であり，Bone（1995）によると「参加者が誰も商業的な情報源ではない対人のコミュニケーション」であり，そして，Halstead（2002）によると「満足の，あるいは不満足の製品経験について少なくとも1人の友人，知人，あるいは家族に話すという行為」である。既存研究におけるクチコミの定義は，クチコミの3つの要件をすべて満たしていないものもあるが，各定義の間で大きな不一致は認められず，論理的矛盾は存在していないだろう。既存研究におけるクチコミの定義は，**表1-1**に示されるとおりである。

このように定義されてきたクチコミは，必ずしも製品を肯定的に評価して褒めている内容であるとは限らず，否定的に評価して批判する内容である場合もある。すなわち，クチコミは，その内容によって，肯定的な正のクチコミと否定的な負のクチコミに分類される（Arndt, 1967b）。消費者行動に対して，正のクチコミは正の影響を与える一方，負のクチコミは負の影響を与え

表1-1　クチコミの定義

出　典	定　義	要件1 対人的なコミュニケーションである	要件2 クチコミの内容は商業的である	要件3 送り手は商業的に動機づけられていないと受け手が知覚する
Arndt (1967a)	口頭の，受け手から非商業的であると知覚される送り手と受け手との間の個人対個人のコミュニケーションであり，その内容はあるブランド，製品，あるいはサービスに関するもの。	○	○	○
Webster (1970)	非商業的であると知覚される送り手と受け手との間の対人コミュニケーションであり，それは，製品やサービスに関するもの。	○	○	○
Martilla (1971)	個人的な情報源から聞かされた意見。	○		○
Halstead (2002)	満足の，あるいは不満足の製品経験について少なくとも1人の友人，知人，あるいは家族に話すという行為。	○	○	○
Traylor and Mathias (1983)	製品あるいはサービスについて友人から聞くこと。	○	○	○
Reingen and Kernan (1986)	パーソナル・セリングと関係しない対人相互作用。	○		○
Westbrook (1987)	所有，使用，あるいは，特定の財，サービスおよび／あるいは売り手の特徴に関する，他の消費者に向けられた非公式のコミュニケーション。	○	○	○
Bone (1995)	参加者が誰も商業的な情報源ではない対人のコミュニケーション。	○		○

（注）Nyilasy（2006）をもとに作成。○は，該当する要件を満たしていることを意味する。

るということが既存研究によって見出されてきた（e.g., Arndt, 1967b; Burzynski and Bayer, 1977; Herr, Kardes, and Kim 1991; Richins, 1983, 1984; Wilson and Peterson, 1989）。

　1990年代後半，インターネットが登場し，一般的なメディアとして消費者の間で普及するのに伴って，消費者は対面クチコミだけでなく，インターネ

表1-2　クチコミの分類

メディア		相　　手	
		家族・友人	見知らぬ他人
メディア	対　　面	クチコミ	クチコミ
	インターネット	クチコミ	eクチコミ

(出所) 濵岡・里村 (2009), p.5。

ット上のクチコミ，すなわちeクチコミを入手することが可能になった。Henning-Thurau, *et al.* (2004) によると，eクチコミとは「潜在的な，実際の，もしくは過去の顧客によってなされた製品や企業についての肯定的あるいは否定的な内容の主張であり，その主張は，インターネットを介して，多数の人および組織にとって入手可能なものである」と定義されている。彼らの定義において，eクチコミと Arndt (1967a) によって定義された従来のクチコミとの違いは，eクチコミが対面ではなくインターネットを介して交換されるという点にある。

　濵岡・里村 (2009) は，Arndt (1967a) によって定義された従来のクチコミを，それを交換するメディアと相手によって分類した。彼らによるクチコミの分類は**表1-2**に示されるとおりである。結果として，相手が誰であっても，対面で交換されるクチコミとインターネットを介して家族や友人と交換するクチコミが従来のクチコミとして分類された一方，インターネットを介して見知らぬ他人と交換するクチコミがeクチコミとして分類された。彼らが分類したeクチコミと従来のクチコミとの違いは，eクチコミを交換する相手が見知らぬ他人であるという点にある。

　こうしたeクチコミの定義に依拠して，多くのeクチコミ研究が行われてきた。そのうち，eクチコミの影響に関する既存研究は，消費者心理あるいは行動[2]に対して正のeクチコミは正の影響を，負のeクチコミは負の影響を与えると主張してきた (e.g., Chintagunta, Gopinath, and Venkataraman, 2010; Dellarocas, *et al.*, 2007; East, Hammond, and Lomax, 2008; Laczniak, DeCarlo, and Ramaswami 2001; Luo, 2009; Park and Kim, 2008; Park and Lee, 2008; Park and Lee, 2009; Scholosser, 2011; Sen and Lerman, 2007; Xia and Bechwati, 2008)。eクチコミが消費者心理あるいは行動，特に製品態度や購買意図に代表される

図1-1 対面クチコミとeクチコミの違い

A図：対面クチコミの場合

B図：eクチコミの場合

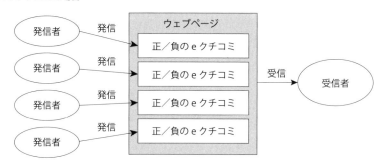

製品評価因子に影響を与えるという点に関しては，従来の対面クチコミに関する既存研究の主張と一貫しており，それゆえ，対面クチコミとeクチコミは類似していると指摘できる。

　しかしながら，eクチコミは，対面クチコミとは大きく異なる特徴を有している。それは，消費者が一度に露出することができるクチコミの数の違いに由来する。**図1-1 A** に示されているように，対面クチコミの場合，受信者が一度に露出することができるのは，単一の情報源によって発信された正あるいは負のクチコミのどちらかに限られる。一方，**図1-1 B** に示されているように，eクチコミの場合，受信者が一度に露出することができるのは，異なる複数の情報源によって発信されたクチコミである。1つのウェブページ上には正と負のクチコミが混在している場合が一般的であるため，受信者は複数の正と負のクチコミに同時に露出することができると考えられる。

　こうしたeクチコミの持つ最大の特徴は，Henning-Thurau, *et al.* や濱岡・里村による定義において描写されていない。すなわち，彼らは，Arndtによる従来の対面クチコミの定義に大きく依拠してしまっており，両者の違

いはインターネットを介して見知らぬ他人と交換するという点にあるということしか示唆してはいない。それとは異なり，本書が対象とするｅクチコミとは，1つのウェブページ上で受信者である消費者が一度に入手可能である，異なる複数の情報源から発信された正あるいは負の製品評価情報である。

第3節　問題意識

　第2節で述べたように，ｅクチコミの影響に関する既存研究の大半は，ｅクチコミに特有の特徴を捨象して，ｅクチコミの影響を正負の符号別に議論してきた。すなわち，既存研究が想定していたのは，消費者が正のｅクチコミ，あるいは負のｅクチコミのどちらか一方に露出する状況であった。既存研究は，ある製品に関するｅクチコミが掲載されているウェブページ上で，消費者が正あるいは負のｅクチコミのみを参照して，その製品を評価するような対面クチコミと同様の状況を前提としてきたのである。したがって，消費者が1つのウェブページ上で複数の正と負のｅクチコミに同時に露出したとき，それらのｅクチコミからいかなる影響を受けて製品評価を行うのかということは，既存研究において検討されてこなかった。

　こうした既存研究の残した重大な課題に取り組むため，消費者が1つのウェブページ上で複数の正と負のｅクチコミに同時に露出する状況を，そのウェブページ上における正のｅクチコミと負のｅクチコミの比率という変数として考慮した先行研究が希少ながら存在する（e.g., Doh and Hwang, 2009; Lee, Park, and Han, 2008）。ｅクチコミの正負比率に着目した萌芽的研究の1つとして，Lee, et al.（2008）は，1つのウェブページ上に負のｅクチコミが存在する比率が高い場合の方が，低い場合より，消費者の製品に対する態度は低いということを見出した。1つのウェブページ上に負のｅクチコミが多

いほど，消費者の製品評価は低下するという単純な主張を展開した彼らとは
異なり，Doh and Hwang（2009）は，1つのウェブページ上に複数のeクチコミが存在する状況において，多数の正のeクチコミの中に一定の割合の負のeクチコミが存在する場合の方が，負のeクチコミが全く存在しない場合より，消費者の評価するクチコミ・メッセージの信頼性やウェブサイトの信頼性が高いという興味深い結果を見出した。このことは，1つのウェブページ上に負のeクチコミが全く存在しない場合，消費者はその情報を提供するウェブサイトやその情報の信頼性に対して疑念を抱くということを示唆している。確かに，負のeクチコミ自体の影響に注目したとき，eクチコミの影響を正負の符号別に検討してきた既存研究が主張するように，負のeクチコミは消費者行動に負の影響しか与えないだろう。しかしながら，多数の正のeクチコミの中に存在する一定の割合の負のeクチコミは，消費者行動に負の影響を与えるのではなく，それどころか正の影響を与えうるということが，彼らの希少な研究の結果によって示唆されたのである。

　eクチコミの持つ最大の特徴，すなわち，消費者が1つのウェブページ上で複数の正と負のeクチコミに同時に露出することができるという点を考慮すれば，一定の割合の負のeクチコミが存在する場合の方が，全く存在しない場合より，消費者行動により好ましい帰結がもたらされるという興味深い現象が，eクチコミの正負比率に着目した先行研究によって見出された。しかしながら，先行研究は，そうした興味深い現象が生起すると報告したものの，調整変数の考慮や従属変数の変更によって，eクチコミの正負比率の影響が消費者行動に与える多様な影響を描写しきれていない。これが，本書の主要な問題意識である。具体的に，既存のeクチコミ研究が抱えている重大な問題は，次の2つに大別される。

　第1に，先行研究は，1つのウェブページ上に一定の割合の負のeクチコミが存在する場合の方が，全く存在しない場合より，消費者行動により好ましい帰結がもたらされるという興味深い現象の発生のみを報告している。すなわち，そうした現象がいかなる条件のもとで生起し，また促進されるのかということは検討されていない。また，この問題と関連して，既存研究において，負の対面クチコミおよび負のeクチコミの影響を緩和する条件が識別

されてきた（Park and Lee, 2009; Sundaram and Webster, 1999）。こうした知見に基づけば，1つのウェブページ上に負のeクチコミが存在する比率の高低に従って消費者行動が受ける負の影響も緩和されるかもしれない。それにもかかわらず，負のeクチコミの比率の影響がいかなる条件のもとで緩和されうるのかということについて十分な検討がなされてこなかった。

　第2に，既存研究は，消費者が1つのウェブページ上で単一のあるいは複数のeクチコミに露出したうえで，そのクチコミ・メッセージに基づいてクチコミ対象製品を評価するという状況を前提としてきた。すなわち，eクチコミの影響に関する既存研究の大半は，消費者購買意思決定プロセス[3]における情報統合段階[4]および製品評価段階に焦点を合わせていた。したがって，あるウェブページ上で複数の正と負のeクチコミに露出した消費者が，自身の意見を形成するために同一ページ上での情報探索を注意深く行おうとしたり，逆に，そのページ上のeクチコミを信頼できずに情報探索を中断したりするという現象は考慮されてこなかった。こうした消費者購買意思決定プロセスの川上の段階である情報取得段階[5]に着目した研究は存在せず，それゆえ，eクチコミの正負比率と受信者である消費者の情報取得行動の関係は検討されてこなかった。以上の問題意識のもとで，本書が取り組む研究課題が**第4節**において議論される。

第4節　研究課題

　本書は，受け手である消費者が1つのウェブページ上で複数の正と負のeクチコミに同時に露出することができるというeクチコミに特有の特徴に焦点を合わせ，eクチコミの正負比率が消費者行動に与える多様な影響をモデル化し，実証することを企図する。その際，eクチコミに露出する消費者は，

クチコミ対象製品に対して自身の意見をまだ形成しておらず，それゆえ，自身の意見を決めようとして他者の意見を参考にしようとしている状況を前提とする。すなわち，ある製品が良いのか，あるいは悪いのかを判断していない消費者が，1つのウェブページ上における正のeクチコミと負のeクチコミの比率に従って，その製品を支持するか否かを判断しようとする状況を想定することとする。例えば，ある製品に関して，1つのウェブページ上に正のeクチコミが8個と負のeクチコミが2個掲載されている場合，消費者は，その製品を良いと評価した人がそのウェブページ上で8割程度を占めているということを知ると，その製品には悪い一面もあるかもしれないものの良い製品である可能性が高いため，良い製品であるだろうと推論して，クチコミ対象製品を支持する立場に立とうとすると仮定する。

　なお，自身の意見をまだ形成していない消費者がそれを決めようとして，他者の意見を参考にする状況を前提とすると，クチコミ対象製品を買って良かったのかどうかが明確ではないような，正でもなく負でもない中立的なeクチコミは，消費者の意見形成に資するものではないため，本書の議論の対象には含まないものとする。実際，先行研究は，消費者は正あるいは負のeクチコミのどちらかしか発信しないと想定して，正および負という2種類のeクチコミに焦点を合わせているため，中立的なeクチコミは考慮に入れていない（Doh and Hwang, 2009; Lee, et al., 2008）。したがって，本書は，先行研究と同様に，中立的なeクチコミの影響を考慮せずに，正のeクチコミと負のeクチコミの比率の影響に着目することとする[6]。

　こうした前提のもとで，本書は**第3節**において述べた問題意識に基づいて，以下に挙げる研究課題を探究する。本書が取り組む1つ目の研究課題は，

　　(1) 消費者が1つのウェブページ上で複数の正と負のeクチコミに同時に露出する状況を想定すると生じうる3つの現象，すなわち，負のeクチコミの存在が消費者の製品評価に正の影響を与える現象，その影響が促進される現象，および，負のeクチコミの存在による負の影響が緩和される現象がいかなる条件のもとで生起するのか

という課題である。この課題に対応するのに際して，eクチコミの正負比率が消費者の製品評価に与える影響は，いかなる製品，受信者，情報，および環境特性によって調整されるのかを検討する必要があるだろう。そして，第1の研究課題は，負のeクチコミの存在が消費者の製品評価に正の影響を与える現象，その影響が促進される現象，および，負のeクチコミの存在による負の影響が緩和される現象に別々に着目することによって，以下の3つの小課題に分解される。

　まず，eクチコミの正負比率に着目した先行研究は，多数の正のeクチコミの中に存在する一定の割合の負のeクチコミが消費者行動に正の影響を与えるという興味深い現象の発生を報告した（Doh and Hwang, 2009）。しかしながら，先行研究において，そうした現象がいかなる条件のもとで生起するのかということについては検討されていなかった。すなわち，1つ目の小課題は，

(1-i) 負のeクチコミの存在が消費者の製品評価に正の影響を与える現象がいかなる条件のもとで生起するのか

という課題である。この課題に対応するのに際して，eクチコミの正負比率と消費者の製品評価の関係に対して，クチコミ対象製品の種類（快楽財／実用財），クチコミ対象製品カテゴリーに対する消費者の専門性（高／低），クチコミ・メッセージの訴求内容の種類（便益中心的／属性中心的），および，クチコミ・プラットフォームの種類（マーケター作成型／非マーケター作成型）はいかなる影響を与えるのかを検討する必要があるだろう。

　次に，1つのウェブページ上における負のeクチコミの存在が消費者行動に与える正の影響は促進されるのか否か，促進されるならばいかなる条件のもとで促進されるのかを検討する必要があるだろう。すなわち，2つ目の小課題は，

(1-ii) 負のeクチコミの存在が消費者の製品評価に与える正の影響はいかなる条件のもとで促進されるのか

という課題である。この課題に対応するのに際して，消費者が1つのウェブページ上で複数の正と負のeクチコミに同時に露出することができるというeクチコミに特有の特徴を考慮することに伴って浮上する別の特徴，すなわち，1つのウェブページ上における正のeクチコミと負のeクチコミの掲載順にも新たに焦点を合わせる必要があるだろう。そのうえで，eクチコミの正負比率が消費者の製品評価に与える影響は，eクチコミの掲載順に従ってどのように異なるのかを検討する必要があるだろう。

　最後に，既存研究は，負の対面クチコミや負のeクチコミの影響が緩和される条件を識別した。その条件とは，クチコミ対象製品が探索財である場合と消費者のブランド精通性が高い場合である。これらの条件のもとでは，1つのウェブページ上に負のeクチコミが存在する比率に従って消費者行動が受ける負の影響も緩和されるかもしれない。それにもかかわらず，負のeクチコミの比率の影響が緩和される条件について十分な検討がなされてこなかった。さらに，負の対面クチコミや負のeクチコミの影響を緩和する条件を識別した研究は，消費者が負のクチコミのみに露出する状況を想定してしまっている。すなわち，3つ目の小課題は，

　　(1-iii) 消費者が1つのウェブページ上で複数の正と負のeクチコミに
　　　　　同時に露出する状況において，そのページ上における負のeク
　　　　　チコミの比率が消費者の製品評価に与える影響は，いかなる条
　　　　　件のもとで緩和されるのか

という課題である。この課題に対応するのに際して，eクチコミの正負比率と消費者の製品評価の関係に対して，クチコミ対象製品の種類（探索財／経験財），および，クチコミ対象製品に対する消費者のブランド精通性（高／低）はいかなる影響を与えるのかを検討する必要があるだろう。

　第2に，eクチコミの影響に関する既存研究は，消費者が1つのウェブページ上で単一の，あるいは複数のeクチコミに露出したうえで，そのクチコミ・メッセージに基づいてクチコミ対象製品を評価するという状況を前提としてきた。すなわち，既存研究の大半は，消費者購買意思決定プロセスにお

図1-2　本書が取り組む研究課題

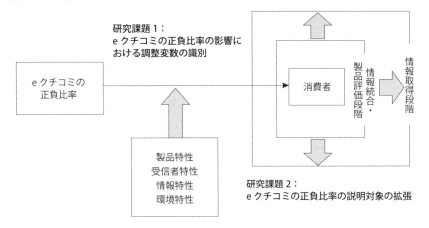

け: る情報統合段階および製品評価段階に焦点を合わせており，そのプロセス
の川上の段階である情報取得段階に着目してこなかった。すなわち，本書が
取り組む2つ目の研究課題は，

> (2) 1つのウェブページ上で複数の正と負のeクチコミに露出した消費
> 者が，同一ページ上での情報探索を注意深く行おうとしたり，逆に
> 中断したりするという現象がいかにして生起するのか

という課題である。この課題に対応するのに際して，eクチコミの正負比率
の説明対象を，消費者購買意思決定プロセスにおける情報取得段階まで拡張
することは可能であるのか否か，可能であるとすれば，eクチコミの正負比
率は消費者の情報取得行動にいかなる影響を与えるのかを検討する必要があ
るだろう。

　総じて，**図1-2**に示されているように，**研究課題1**は，消費者購買意思決
定プロセスにおける情報統合・製品評価段階に着目して，eクチコミの正負
比率が消費者行動に与える影響を調整するのは，いかなる製品，受信者，情
報，および環境特性であるのかを識別することである。そして，**研究課題2**
は，消費者購買意思決定プロセスのより上流の情報取得段階に着目して，e

クチコミの正負比率の説明対象を消費者の製品評価行動から情報取得行動まで拡張しうるのかを検討することである。これら２つの研究課題に対応して，一連の分析を行う。本書は，消費者が１つのウェブページ上に掲載された複数の正と負のｅクチコミに同時に露出することができるというｅクチコミに特有の特徴をｅクチコミの正負比率という変数として考慮に入れ，ｅクチコミの正負比率が消費者行動に与える多様な影響を描写することを目指す試論である。その目的を達成することによって，ｅクチコミの影響の理解の深化を促進し，ｅクチコミ研究の成熟および発展に貢献することを期したい。

第５節　本書の構成

　本書は，11の章から構成されている。第１章では，本書の目的，問題意識，および研究課題について論じられた。次章以降は，概して，第２章では，対面／ｅクチコミに関する既存研究の展開とそれらによって残された課題に関して，第３章から第10章では，各研究課題に対応して行われた研究に関して，第11章において，本書の成果と今後の課題に関して論じられる。

　次章第２章においては，クチコミの交換関係にある発信者と受信者それぞれの観点から，対面クチコミとｅクチコミに関する既存研究がいかにして展開されてきたのかを概観したうえで，既存研究が残した問題点を指摘する。

　第３章から第10章においては，先述した２つの研究課題に対応する仮説の導出と分析を行う。第３章から第９章において，**研究課題1**に対応する一方，第10章において，**研究課題2**に対応する。

　第３章から第５章においては，**研究課題(1−i)**に焦点を合わせて，先行研究において指摘された，負のｅクチコミの存在が消費者行動に正の影響を与えるという現象がいかなる条件のもとで生起するのかを探究する。具体的に

は，eクチコミの正負比率と消費者の製品評価の関係に対して，クチコミ対象製品の種類（快楽財／実用財）が与える影響（第3章），クチコミ対象製品カテゴリーに対する消費者の専門性とクチコミ・メッセージの種類が与える影響（第4章），および，クチコミ・プラットフォームの種類が与える影響（第5章）を検討する。

第6章から第7章においては，**研究課題(1−ii)** に焦点を合わせて，負のeクチコミの存在が消費者行動に与える正の影響がいかなる条件のもとで促進されるのかを探究する。具体的には，第4章および第5章の議論を踏まえて，多数の正のeクチコミの中に存在する一定の割合の負のeクチコミの正の影響が生起する2つの条件——クチコミ対象製品が快楽財である場合（第6章）と専門性の高い消費者が属性中心的クチコミを読む場合（第7章）——のもとで，クチコミの掲載順が消費者の製品評価に与える影響を検討する。

第8章から第9章においては，**研究課題(1−iii)** に焦点を合わせて，消費者が1つのウェブページ上で複数の正と負のeクチコミに同時に露出する状況において，そのページ上における負のeクチコミの比率が消費者の製品評価に与える負の影響がいかなる条件のもとで緩和されるのかを探究する。具体的には，eクチコミの正負比率と消費者の製品評価の関係に対して，クチコミ対象製品の種類（探索財／経験財）が与える影響（第8章），および，クチコミ対象製品に対する消費者のブランド精通性が与える影響（第9章）を検討する。

第10章においては，**研究課題2**に焦点を合わせて，消費者購買意思決定プロセスにおける情報取得段階に着目したうえで，eクチコミの正負比率が消費者の情報取得行動に与える影響を検討する。

最終章である第11章においては，第3章から第10章までの研究を総括し，その成果および課題を整理，検討することによって，本書を締めくくる。

本書の流れは，**図1-3**に示されているとおりである。

図1-3　本書の流れ

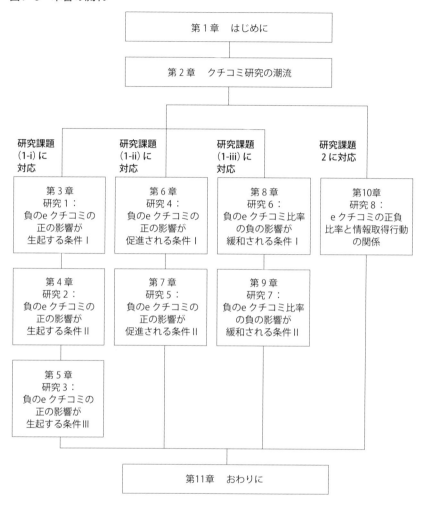

（1）eクチコミの正負比率とは，1つのウェブページ上に存在する正のeクチコミと負のeクチコミの個数の割合である。例えば，ある製品に関するeクチコミが1ページあたり10個掲載されており，そのうち正のeクチコミが8個，負のeクチコミが2個という構成であるならば，eクチコミの正負比率は8:2となる。

（2）既存研究が説明対象として取り扱ってきた消費者心理あるいは行動に関する主な変数として，例えば，製品に対する態度（e.g., Doh and Hwang, 2009; Lee, *et al.*,

2008; Lee and Youn, 2009)，ブランドに対する態度（e.g., Laczniak, *et al.,* 2001)，購買意図（e.g., Bickart and Schindler, 2001; Doh and Hwang, 2009; Lee and Lee, 2009; Park and Kim, 2008; Park and Lee, 2008; Park and Lee, 2009; Xia and Bechwati, 2008)，あるいは購買確率（e.g., East, *et al.,* 2008）が挙げられる。

(3) 消費者行動研究では，消費者の購買意思決定プロセスに関する多様なモデルが提唱されてきた（e.g., Howard and Sheth, 1969; Blackwell, Miniard, and Engel, 2001; Peter and Olson, 2010)。消費者の購買意思決定過程を情報処理プロセスとして捉えると，消費者は情報取得段階と情報統合段階を経て製品選択・購買に至ると想定されている（e.g., 阿部, 1984; 中西, 1984)。

(4) 情報統合段階とは，製品に関して収集した情報が過去の経験や記憶に基づく情報によって解釈され，それらの情報が1つに統合されるプロセスである。このプロセスを経て，消費者は統合された情報に基づいて，代替案を比較検討し，最終的に最善の代替案を選択する（阿部, 1984; 中西, 1984)。

(5) 情報取得段階とは，消費者情報処理プロセスの下位に位置づけられるプロセスであり，一般的に代替案に関する外部情報の探索と選択的な取得，および内部情報の探索が想定されている（阿部, 1984)。

(6) 複数のeクチコミの中には，極めて肯定的あるいは否定的な内容のものもあれば，それほど強い肯定あるいは否定を含まないものも存在する。こうした各eクチコミにおいて述べられる肯定的な評価の度合い，あるいは否定的な評価の度合いの影響については，第11章第2節**2.2**の「今後の課題」を参考のこと。

第 **2** 章　クチコミ研究の潮流

第1節　クチコミ研究の源流

1.1　社会心理学の領域における嚆矢的研究

　マーケティング研究の領域における初期のクチコミ研究は，社会心理学の領域において Lazarsfeld, Berelson, and Gaudet（1944）や Katz and Lazarsfeld（1955）によって中心的に行われたパーソナル・インフルエンスやオピニオン・リーダーに関する研究群，および社会学の領域において Rogers（1962）によって中心的に行われたイノベーションの普及に関する研究群をもって嚆矢とする。1.1においては，前者の研究群，すなわちパーソナル・インフルエンス，およびオピニオン・リーダーに関する古典的な社会心理学研究を概観する。

　Lazarsfeld, *et al.*（1944）は，1940年のアメリカ大統領選挙における広報活動を対象として，マス・コミュニケーションの効果とパーソナル・コミュニケーションの効果を比較した。その結果，クチコミのようなパーソナル・コミュニケーションを介している場合の方が，ラジオ，新聞，およびテレビといったマス・コミュニケーションを介している場合よりも，事前の態度を変容させた有権者が多かった。すなわち，消費者が事前に抱いている態度に対して，パーソナル・コミュニケーションの方が，マス・コミュニケーションよりも大きな影響を与えているということが見出された。こうしたパーソナル・コミュニケーションが，情報の受け手の心理や行動に対して「影響（influence）」を与える現象は，「パーソナル・インフルエンス」と呼ばれている。

　この結果を踏まえて，Lazarsfeld, *et al.* は情報の2段階の流れ仮説を提唱した。情報の2段階の流れ仮説とは，マス・コミュニケーションを通じて，オピニオン・リーダーへ情報が伝達され，そして，オピニオン・リーダーを

図2-1　情報の2段階の流れ仮説

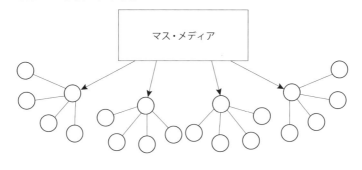

　〇　は，オピニオン・リーダーを表す。
　〇—〇　は，オピニオン・リーダーと社会的な結びつきのある個人を表す。

（注）Katz and Lazarsfeld（1955）をもとに作成。

迪じて，情報取得に対して消極的な集団内の他のメンバーへクチコミを介して情報が伝達されると主張した仮説である。オピニオン・リーダーは，マス・コミュニケーションを通じて得た知識によって集団内の他のメンバーから必要とされる存在であるため，オピニオン・リーダーは知識を得続けることに義務感を抱いている。したがって，オピニオン・リーダーは，集団内の他のメンバーとの会話の中で情報を伝達するという自身の役割を正当化させるために，マス・コミュニケーションからの情報を積極的に取得する存在であると考えられた。

　Katz and Lazarsfeld（1955）は，ファッション，映画鑑賞，あるいは，食料品店での買物行動といった様々な分野を対象にして，情報の2段階の流れ仮説を検討した。その結果，この仮説は支持された。すなわち，分野ごとに異なるオピニオン・リーダーが存在しており，オピニオン・リーダーは，マス・コミュニケーションを通じて積極的に情報を取得するだけではなく，集団内の他のメンバーに積極的に情報を伝達しているということが見出された。情報の2段階の流れ仮説は**図2-1**に示されるとおりである。また，各分野におけるオピニオン・リーダーは，集団の中の約3％しか占めておらず，集団内の他のメンバーより，特定の関心領域に関する雑誌をより頻繁に読んでい

るということが報告された。例えば，ファッションのオピニオン・リーダー
ならば，ファッション雑誌をより頻繁に読み，映画鑑賞のオピニオン・リー
ダーならば，映画雑誌をより頻繁に読むということである。そして，オピニ
オン・リーダーから情報を伝達された集団内の他のメンバーの多くは，その
情報を決め手として，購買する製品を選択していた。

　さらに，Katz and Lazarsfeld は，マス・コミュニケーションの効果とパ
ーソナル・コミュニケーションの効果を比較した。その結果，パーソナル・
コミュニケーションの方が，マス・コミュニケーションより，集団内のメン
バーの製品選択により大きな影響を与えていた。具体的に，ファッションに
関する選択に影響を与えていたのは，他のメンバーからのクチコミであった
り，他のメンバーが着ているのを見かけたりしたことであり，映画鑑賞に関
する選択に影響を与えていたのは，他のメンバーとのパーソナルな接触であ
り，食料品での買物行動に関する選択に影響を与えていたのは，他のメンバ
ーとのパーソナルな接触であったり，ラジオ CM であったりした。このこ
とから，パーソナル・コミュニケーションは，消費者の購買意思決定に大き
な影響を与えうるものの，消費者が重視する情報源は分野ごとに異なると結
論づけられた。

● 1.2　社会学の領域における嚆矢的研究

　1.2においては，Rogers（1962）によって中心的に行われたイノベーショ
ンの普及に関する古典的な社会学研究を概観する。

　Rogers（1962）は，イノベーションの普及理論を提唱した。イノベーショ
ンとは，新しいアイデア，新技術，あるいは新製品である。彼は，イノベー
ションがどのように社会に普及するのかということと，イノベーションがど
のように個人に採用されるのかということを説明するための多くの経験命題
を導出した。その１つとして，マス・コミュニケーションの効果とパーソナ
ル・コミュニケーションの効果を比較すると，前者は消費者の情報取得行動
に影響を与える一方，後者は消費者の意思決定に影響を与えるという命題を
提示した。さらに，Rogers は，正規分布を仮定したイノベーションの普及

表2-1　クチコミ研究の源流にある社会心理学研究および社会学研究の知見

著　者	概　要	主要な知見
Lazarsfeld, *et al.*(1944)	・アメリカ大統領選挙における，マス・コミュニケーションの効果とパーソナル・コミュニケーションの効果を比較。	・パーソナル・インフルエンスに言及。 ・オピニオン・リーダーはマス・コミュニケーションを通じて入手した情報を，情報取得に対して消極的な集団内のメンバーへ，クチコミを通じて情報を伝達するという情報の2段階の流れ仮説を提唱。
Katz and Lazarsfeld (1955)	・複数の製品カテゴリー間における，マス・コミュニケーションの効果とパーソナル・コミュニケーションの効果を比較。 ・情報の2段階の流れ仮説の経験的テスト。	・情報の2段階の流れ仮説支持。 ・パーソナル・コミュニケーションの方が，マス・コミュニケーションより，消費者の製品選択に大きな影響を与えている。
Rogers (1962)	・イノベーションの普及理論を提唱。	・イノベーションの採用者は，イノベーター，初期採用者，前期多数派，後期多数派，遅滞者の5つのグループに分類される。 ・オピニオン・リーダーの役割を果たす初期採用者のクチコミがイノベーションの普及に影響を与えている。

プロセスを描写し，イノベーションの採用者を，イノベーター，初期採用者，前期多数派，後期多数派，および，遅滞者という5つのグループに分類した。互いに異なる採用者特性を持つとされた5つのグループの中で，初期採用者は，オピニオン・リーダーの役割を果たし，前期多数派や後期多数派といったフォロワーに新製品に関する情報を伝達するということが見出された。このことから，オピニオン・リーダーが発信するクチコミのようなパーソナル・コミュニケーションが，イノベーションの普及に大きな影響を与えていると結論づけられた。また，Rogers は，すでに抱いている態度や関心に沿わないようなコミュニケーションを，受け手が受け入れないことを選択できるという点で，クチコミの方が，広告のようなマス・コミュニケーションより，影響力が大きいと指摘している。

　1.1で述べたように，Lazarsfeld, *et al.* (1944) および Katz and Lazarsfeld (1955) が主張する情報の2段階の流れ仮説は，選挙広報活動の効果を対象とし，投票者の態度をいかにして効率的に変容させるのかという問題意識の

もとに提唱された。それに対して，Rogers（1962）が主張するイノベーションの普及理論は，イノベーションの普及を対象とし，社会あるいは個人にいかにして効率的に新製品を普及／採用させるのかという問題意識のもとに提唱された。いずれの研究も，人はどのように効率的に説得されるのかということを取り扱うことによって，クチコミのようなパーソナル・コミュニケーションの影響を指摘したという点で共通していると見なせるだろう。

　以上で議論してきたクチコミ研究の源流にある社会心理学研究と社会学研究の知見は，**表2-1**に示されるとおりである。

第2節　マーケティング研究の領域に おけるクチコミ研究の成立

2.1　広告とクチコミの比較

　Lazarsfeld, *et al.*（1944）と Katz and Lazarsfeld（1955）によって行われた，パーソナル・インフルエンス，およびオピニオン・リーダーに関する社会心理学研究の知見を踏まえて，マーケティング研究の領域では，広告の影響と比較しながらクチコミの影響を検討する研究が行われるようになった。

　Brooks（1957）は，広告や人的販売が製品に関する情報を消費者に提供する情報源であるのと同様に，消費者同士のネットワーク内で伝達されるクチコミも消費者にとって情報源として有用であると指摘している。さらに，彼は，企業が消費者の意見や行動を変容させるのに際して，クチコミのようなパーソナル・コミュニケーションは効果的であると指摘している。すなわち，クチコミは，消費者の製品採用に関する意思決定に大きな影響を与えるということを示唆している。また，Brooks は，企業のマーケティング活動におけるクチコミの重要性を主張しており，クチコミは，製品の販売促進のため

の広告手法の1つとして，広告および人的販売と組み合わせて活用可能であると指摘している。

　クチコミが消費者の製品採用に与える影響に焦点を合わせていた Brooks（1957）に対して，クチコミの影響によって新製品を採用した消費者の製品採用後の行動に焦点を合わせて，情報の多段階の流れ仮説を提唱したのが，Sheth（1971）である。先述の Rogers（1962）のような既存研究が，高リスクのイノベーション，すなわち，新市場を創造するような非常に革新的な新製品の普及を対象として，クチコミの影響を検討してきたのに対して，Sheth は，低リスクのイノベーション，すなわち，既存製品に改良を施したような革新的ではない新製品の普及を対象として，広告の影響とクチコミの影響を比較検討した。彼は，ステンレス製の髭剃り刃を採用した900人以上の男性に対してインタビュー調査を実施した。ステンレス製の髭剃り刃は，鋼製の髭剃り刃を改良した新製品であった。

　調査の結果，クチコミを通じて新製品を認知した消費者の方が，広告を通じて新製品を認知した消費者より，新製品を採用し，さらに他の消費者に対してその新製品のクチコミを発信する傾向が高いということが見出された。すなわち，クチコミを通じて新製品に関する情報を得て採用した消費者が，その他の消費者に新製品の情報をより多く伝達した。この結果は，マス・コミュニケーションを通じて，オピニオン・リーダーへ情報が伝達され，そして，オピニオン・リーダーから情報取得に対して消極的な集団内の他のメンバーへ，クチコミを通じて情報が伝達されるという，Lazarsfeld, *et al.*（1944）および Katz and Lazarsfeld（1955）が主張する情報の2段階の流れ仮説に反する結果であった。したがって，Sheth は，広告を通じて新製品を認知して採用した消費者だけではなく，クチコミを通じて新製品を認知して採用した消費者も，その他の消費者に新製品の情報を伝達するという情報の多段階の流れ仮説を主張した。

　Sheth（1971）が，クチコミを通じて情報を取得した消費者が，その他の消費者に情報を伝達するという現象を発見したことを踏まえて，Day（1971）は，クチコミを通じて情報を取得した消費者の態度変容に着目し，広告の影響とクチコミの影響を比較検討した。彼は，新製品と既存製品の間で，クチ

コミと広告に露出した消費者の態度にいかなる差異が生じるのかを検討した。Day は，インスタント食品の新ブランドと既存ブランドを用いて，1,100人の主婦に対して電話インタビューと質問紙調査を実施した。

　調査の結果，クチコミ対象製品が新ブランドおよび既存ブランドである場合において，ブランドに対して正の態度変容を起こした消費者は，クチコミに露出した消費者の中で占める割合の方が，広告に露出した消費者の中で占める割合より大きかった一方，ブランドに対して負の態度変容を起こした消費者は，広告に露出した消費者の中で占める割合の方が，クチコミに露出した消費者の中で占める割合より大きかった。さらに，消費者の態度変容の度合いは，クチコミ対象製品が新ブランドである場合の方が，既存ブランドである場合より大きかった。このことから，新製品および新ブランドに関するクチコミは，消費者がもともと抱いていた態度を大きく好転させる一方，新製品および新ブランドに関する広告は，消費者がもともと抱いていた態度を大きく低下させることが示唆された。こうした結果に基づいて，Day は，新ブランドに関する広告は，消費者の認知を促進するのに重要である一方，新ブランドに関するクチコミは，消費者の態度形成と変容，および，購買意思決定において重要であると指摘している。

　情報の多段階の流れ仮説（Sheth, 1971）を踏まえて，クチコミを通じて情報を取得した消費者の態度変容に着目した Day（1971）に対して，Holmes and Lett（1977）は，クチコミを通じて情報を取得した消費者のクチコミ発信行動を探究した。彼らは，配布された製品サンプルを使用した消費者の製品に対する態度，購買意図，および，製品の利用頻度が，クチコミ発信傾向にいかなる影響を与えるのかを検討した。具体的には，インスタントコーヒーの購買経験者168人に対して，インスタントコーヒーの仮想ブランドのサンプルを配布し，数日後にサンプル利用者に対してインタビュー調査を実施した。

　調査の結果，製品に対して好意的な態度を形成した消費者および購買意図の高い消費者の方が，製品に対して好意的な態度を形成していない消費者および購買意図の低い消費者より，クチコミを発信する傾向が高く，かつ，より多くの人にクチコミを発信していた。すなわち，製品に対する態度と購買

意図が高ければ，その製品に関するクチコミの発信が促進されるということが示唆された。さらに，クチコミを発信する傾向に関して，インスタントコーヒーの利用頻度が高いヘビーユーザーと，利用頻度が中程度であるミディアムユーザーや利用頻度が低いライトユーザーとの間には統計的に有意な差が認められなかった一方，クチコミを発信した人数に関して，ヘビーユーザーの方が，ミディアムユーザーやライトユーザーより多かった。この結果に関して，Holmes and Lett は，ヘビーユーザーと，ミディアムユーザーやライトユーザーとの間に，クチコミ発信傾向に関して統計的に有意な差は認められなかったものの，データの単純集計の結果から，ヘビーユーザーの方が，ミディアムユーザーやライトユーザーより，より頻繁にクチコミを発信する傾向があるということが見出された。すなわち，ヘビーユーザーは，製品の購買量が多いだけではなく，クチコミ発信頻度および発信人数も多いため重要であるということが示唆された。

2.2　新製品採用におけるクチコミの効果

　Rogers（1962）によって中心的に行われたイノベーションの普及に関する社会学研究の知見を踏まえて，マーケティング研究の領域では，新製品採用におけるクチコミの効果を検討する研究が行われるようになった。

　Rogers（1962）は，クチコミがイノベーションの採用に影響を与えると主張しているが，クチコミとイノベーションの採用との関係に影響を与える要因や，クチコミの内容を考慮には入れていなかった。そこで，Arndt（1967b, 1968）は，クチコミが消費者の新製品購買意図に与える影響を検討し，クチコミの内容によってその影響が異なるということを示した。彼によると，クチコミは，その内容によって3種類に分類されるという。すなわち，クチコミの受け手が，クチコミ対象製品を購買することが好ましいと感じる「正のクチコミ」，クチコミの受け手が，クチコミ対象製品を購買することを好ましくないと感じる「負のクチコミ」，および，前者2つのうちどちらにも分類されない「中立的なクチコミ」である。

　Arndt（1967b）は，食料品の新製品を試験的に販売し，被験者の新製品購

買行動をモニタリングするフィールド実験を実施した。そして，実験期間終了後に，被験者に対してインタビュー調査を実施した。調査の結果，好ましいクチコミ，すなわち，正のクチコミを伝達された消費者は，クチコミ対象製品を購買する可能性が高い一方，好ましくないクチコミ，すなわち負のクチコミを伝達された消費者は，クチコミ対象製品を購買する可能性が低いということが見出された。すなわち，クチコミの内容が，肯定的であるのか，それとも，否定的であるのかによって，そのクチコミの受け手の購買行動が異なるということが示唆された。

イノベーターと非イノベーターを比較することによって，イノベーターの役割を描写したのが，Engel, Kegerreis, and Blackwell（1969）である。Engel, *et al.* は，イノベーターがオピニオン・リーダーとしての役割を果たしているのか否かを探究した。具体的に，彼らは，新しいサービスである自動車診断センターの開業に着目し，自動車診断サービスの初期利用者と，無作為抽出された一般消費者を対象にしてインタビュー調査を実施した。自動車診断サービスの初期利用者は，イノベーターと見なされ，また，一般消費者は非イノベーターと見なされた。

調査の結果，イノベーターの方が，非イノベーターより，頻繁に他者から新製品に関する意見を求められる傾向が高いということが見出された。すなわち，イノベーターは，説得力のある情報を提供する人であると周囲の人から認識されているということが示唆された。さらに，イノベーターの方が，非イノベーターより，頻繁に他者に新製品に関する意見を述べる傾向が高いということも見出された。すなわち，イノベーターは，他者に有意義な情報を伝達することを目的として，新製品に関する情報を積極的に取得し，その情報を自発的に拡散するというオピニオン・リーダーとしての役割を果たしているということが示唆された。

Arndt（1967b, 1968）や Engel, *et al.*（1969）は，消費者の新製品採用に焦点を合わせてクチコミの影響を探究してきたが，企業の新製品採用に焦点を合わせて，クチコミがいかなる影響を与えるのかを検討した研究もある。Martilla（1971）は，加工紙市場に着目し，封筒加工，伝票加工，および，グリーティング・カード加工を取り扱う紙加工企業106社を対象にしてフィ

ールド調査を，また紙加工企業の幹部社員約380人に対してインタビュー調査を，それぞれ実施した。

フィールド調査の結果，紙加工企業の新製品採用プロセスには３つの段階が存在するということが見出された。その３つの段階とは，導入，検討，および，購買前評価である。導入の段階とは，紙加工企業が加工用紙の新製品を認知し，それに関する情報を取得する時期である。検討の段階とは，紙加工企業が新製品を試しに一度購買する時期である。購買前評価の段階とは，紙加工企業が新製品を採用し，今後も購買し続けることを決定する時期である。

インタビュー調査の結果，加工用紙の購買決定権を持つ社員が，広告のようなマス・コミュニケーションを情報源として用いる傾向は，新製品採用プロセスの導入の段階において最も高く，購買前評価の段階において最も低かった。一方，クチコミのようなパーソナル・コミュニケーションを情報源として用いる傾向は，新製品採用プロセスの購買前評価の段階において最も高く，導入の段階において最も低かった。また，検討の段階において，加工用紙の購買決定権を持つ社員は，自社の社員だけではなく，競合企業の社員に対しても，新製品に関する意見を求めていた。すなわち，企業内におけるクチコミも企業間におけるクチコミも，新製品採用の意思決定の段階において重要な役割を果たすということが示唆された。

さらに，周囲から頻繁に意見を求められるオピニオン・リーダーの存在と，そうではない非オピニオン・リーダーの存在が識別され，オピニオン・リーダーの方が，非オピニオン・リーダーより，頻繁にマス・コミュニケーションから情報を取得しているということが見出された。このことから，生産財市場における企業の中にも，オピニオン・リーダーが存在しており，そのようなオピニオン・リーダーは，マス・コミュニケーションを情報源としてより頻繁に情報収集を行うことによって，多くの知識を持つと結論づけられた。ここまでレビューされた1970年代までの関連研究の潮流は**図2-2**に示されるとおりである。

図2-2　1970年代以前の関連研究の潮流

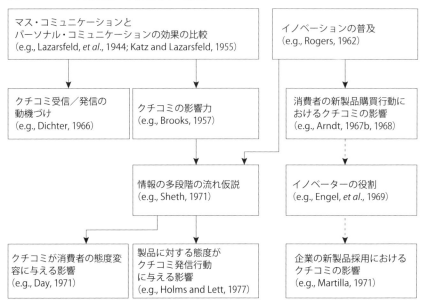

(注)──▶は，矢印の出発点の研究群が矢印の終着点の研究群に引用されていることを表す。
　他方，……▶は，矢印の出発点の研究群が矢印の終着点の研究群に引用されていないものの，研究上の影響を与えていると考えられることを表す。

第3節　発信者の観点から見た
　　　クチコミ研究の展開

　第2節までに述べてきたように，マーケティング研究の領域における初期のクチコミ研究は，Lazarsfeld, *et al.* （1944），Katz and Lazarsfeld （1955），およびRogers （1962）という嚆矢的研究の影響を受けて，パーソナル・コミュニケーションとしてのクチコミの影響に主眼を置いていた。その後展開されるクチコミ研究の大半は，クチコミ発信者あるいは受信者のどちらかの観点に立っている。すなわち，発信者の観点に立つ研究群は，クチコミ現象

を発信者である消費者の情報提供行動として捉えている一方，受信者の観点に立つ研究群は，受信者である消費者の情報取得行動および情報処理として捉えており，両者は異なる心理的プロセスを想定していると考えられる。**第3節**においては，まず前者の研究群をレビューする。

3.1　クチコミ発信動機

　クチコミ発信者の観点に立つ既存研究は，いかなる要因によって消費者はクチコミを発信するのかということについて重点的に探究してきた。その先駆的研究として，消費者が他者に対面クチコミを発信する動機づけを識別しようとしたのが，Dichter（1966）である。彼は，アメリカ国内の24箇所においてインタビュー調査を実施し，回答者から，クチコミを通じて他者に製品を推奨した352件の事例を収集した。

　調査の結果，クチコミの送り手は，製品関与，自分自身への関与，他者への関与，および，メッセージへの関与によって，クチコミを発信することを動機づけられるということが見出された。ただし，製品関与とは，製品を使用することによって得られた満足や興奮に基づく動機である。自分自身への関与とは，送り手が，製品を使用した経験を確認し，自分を安心させようとする動機である。他者への関与とは，他者を援助したり，自分の経験を他者と共有したりしようとする動機である。メッセージへの関与とは，広告における販売促進を目的とするメッセージへの疑念に基づく動機である。かくして，Dichter は，4種類のクチコミ発信動機として，製品関与，自分自身への関与，他者への関与，およびメッセージへの関与を識別した。

　Dichter（1966）が，正の対面クチコミの発信動機に焦点を合わせていた一方，Sundaram, Mitra, and Webster（1998）は，正の対面クチコミと負の対面クチコミの両者に焦点を合わせて，消費者が正のクチコミおよび負のクチコミを発信するのは，それぞれいかなる動機によってであるのかを探究するために，消費者の購買経験とクチコミの発信動機の間の関係を検討した。Sundaram, *et al.* は，最近2カ月間で正のクチコミあるいは負のクチコミを発信した経験のある約50人の消費者に対してインタビュー調査を実施した。

調査の結果，消費者にとって重要な購買経験は，４種類に分類された。その４種類とは，製品の性能，製品／購買に関する問題への対応，価格／価格知覚，および，従業員の行動である。製品の性能とは，正のクチコミと関連する場合，優れた製品の性能や特有の便益を消費者が経験することである一方，負のクチコミと関連する場合，故障や他製品への損害のような期待を大きく下回るような製品の性能を消費者が経験することである。製品／購買に関する問題への対応とは，正のクチコミと関連する場合，問題が生じた際に，製品交換や返金，迅速な修理のような企業の積極的な援助を消費者が経験することである一方，負のクチコミと関連する場合，遅い問題対応，返金や交換の拒否のような企業の非援助を消費者が経験することである。価格／価格知覚とは，正のクチコミと関連する場合，その製品に見合う適切な価格や価格に見合う製品品質を消費者が経験することである一方，負のクチコミと関連する場合，その製品に見合わない高価格や価格に見合わない製品品質を消費者が経験することである。従業員の行動とは，正のクチコミと関連する場合，従業員の誠実で礼儀正しい対応を消費者が経験することである一方，負のクチコミと関連する場合，従業員の不誠実で失礼な対応を消費者が経験することである。

　また，正のクチコミの発信動機も４種類に分類された。その４種類とは，利他主義，製品関与，自己高揚，および，企業への援助である。ただし，利他主義とは，発信者が，クチコミの受け手がより良い購買意思決定を行えるように自身の経験を共有して援助しようとする動機である。製品関与とは，製品に関する興味や製品を所有することによって得られる満足に基づく動機である。自己高揚とは，発信者が自身を賢い消費者であることを演出し，他者からの評価を高めようとする動機である。企業への援助とは，発信者が製品を提供する特定の企業を援助したり，支援したりしようとする動機である。

　負のクチコミの発信動機も４種類に分類された。その４種類とは，利他主義，不安軽減，復讐心，および，助言探求である。利他主義とは，発信者が経験したような失敗をクチコミの受け手が犯さないように，自身の経験を共有して援助しようとする動機である。不安軽減とは，発信者が怒りや不安などの否定的感情を発散しようとする動機である。復讐心とは，発信者に対し

て十分な配慮をしない企業や顧客の苦情に対応しない企業に対して，発信者が仕返しをしようとする動機である。助言探求とは，発信者が自身の問題を解決する手段に関して，他の消費者に助言を求めようとする動機である。

Sundaram, *et al.*（1998）は，以上の4種類の消費者の購買経験と8種類のクチコミの発信動機の間の関係を検討するために，収集した消費者データを用いてχ^2検定（カイ二乗検定）を行った。検定の結果，製品の性能に満足した消費者の正のクチコミの発信動機は，製品関与および自己高揚であり，製品／購買に関する問題に対して満足な対応を受けた消費者の正のクチコミの発信動機は，利他主義および企業の援助であり，製品価格が適切で製品がその価格に見合った品質を有していると知覚した消費者の正のクチコミの発信動機は，利他主義および自己高揚であり，従業員の行動に満足した消費者の正のクチコミの発信動機は，利他主義および企業の援助であった。一方，製品の性能に不満足を抱いた消費者の負のクチコミの発信動機は，利他主義，復讐心，および，助言探求であり，製品／購買に関する問題に対して満足な対応を受けられなかった消費者の負のクチコミの発信動機は，利他主義，復讐心，および，助言探求であり，製品価格が不適切で製品がその価格に見合った品質を有していないと知覚した消費者の負のクチコミの発信動機は，不安軽減および利他主義であり，従業員の行動に不満足を抱いた消費者の負のクチコミの発信動機は，復讐心であった。このようにして，Sudaram, *et al.*は，Dichter（1966）によって識別されていなかった企業の援助という正のクチコミの新たな発信動機を識別しただけでなく，負のクチコミの複数の発信動機を識別した。

対面クチコミの発信動機に関する研究を踏まえて，eクチコミの発信動機を識別しようと試みたのが，Henning-Thurau, *et al.*（2004）である。彼らは，eクチコミを発信するのはいかなる動機によってであるのかということだけでなく，eクチコミの発信動機はeクチコミ発信行動にいかなる影響を与えるのか，そして，eクチコミの発信動機は消費者間でどのように異なるのかということを探究した。

Henning-Thurau, *et al.*は，消費者のeクチコミの発信動機は，他者への気遣い，企業援助の欲求，社会的便益，企業に対する力の行使，購買後の助

言探求，自己高揚，経済的報酬，探索軽減における利便性，プラットフォーム管理者に対する期待，肯定的感情の表現，および，否定的感情の発散であると仮説化した。彼らは，ウェブページ上での質問紙調査によって収集した，eクチコミを発信した経験のある約2,000人の消費者データを用いて因子分析を行った。分析の結果，eクチコミの発信動機に関する8つの因子が抽出された。まず，探索軽減における利便性，プラットフォーム管理者に対する期待，および，企業に対する力の行使が縮約されたプラットフォーム援助因子が抽出された。次に，自己高揚，および，肯定的感情の表現が縮約された肯定的自己高揚表現因子が抽出された。続いて，他者への関与が縮約された他者関与因子，企業援助の欲求が縮約された企業援助因子，社会的便益が縮約された社会的便益因子，購買後の助言欲求が縮約された助言探求因子，経済的報酬が縮約された経済的報酬因子，および，否定的感情の発散が縮約された否定的感情発散因子が抽出された。

　Henning-Thurau, *et al.*（2004）は，因子分析によって抽出されたeクチコミの発信動機に関する8つの因子がeクチコミ発信行動，すなわち，プラットフォーム訪問頻度およびeクチコミ発信数にいかなる影響を与えるのかということを検討するために，回帰分析を行った。

　分析の結果，プラットフォーム訪問頻度に対しては，他者関与因子，肯定的自己高揚表現因子，社会的便益因子，経済的報酬因子，および，助言探求因子が正の影響を与えていた一方，プラットフォーム援助因子および否定的感情発散因子は，負の影響を与えていた。なお，企業援助因子は有意な影響を与えていなかった。eクチコミ発信数に対しては，他者関与因子，肯定的自己高揚表現因子，社会的便益因子，経済的報酬因子，および，助言探求因子が正の影響を与えていた。なお，プラットフォーム援助因子，否定的感情発散因子，および，企業援助因子は有意な影響を与えていなかった。また，プラットフォーム訪問頻度およびeクチコミ発信数に対して最も影響を与えていたのは，社会的便益因子であるということが見出された。

　さらに，Henning-Thurau, *et al.*（2004）は，eクチコミの発信動機が消費者間でどのように異なるのかを検討するために，因子分析によって抽出されたeクチコミの発信動機に関する因子を用いてクラスター分析を行った。分

析の結果，消費者は，4つのクラスターに分類された。4つのクラスターとは，「利己的な協力者クラスター」，「多様な動機の消費者クラスター」，「他者擁護者クラスター」，および，「真の利他主義者クラスター」であった。利己的な協力者クラスターに分類された消費者のeクチコミの発信動機は，主に経済的報酬因子によって促進された。多様な動機の消費者クラスターに分類された消費者のeクチコミの発信動機は，すべての因子によって促進された。他者擁護者クラスターに分類された消費者のeクチコミの発信動機は，主に他者関与因子によって促進された。そして，真の利己主義者クラスターに分類された消費者のeクチコミの発信動機は，主に他者関与因子および企業援助因子によって促進された。

3.2 クチコミ発信者の特性

　多くの既存研究によって，クチコミ発信の動機づけとなる多様な要因が識別されてきたが（e.g., Dichter, 1966; Henning-Thurau, *et al.*, 2004; Sundaram, *et al.*, 1998)，そうした発信動機をすべての消費者が同様に抱いているわけではない。消費者の中には，より多くの他者にクチコミを発信して，彼らの行動に影響を与えるような消費者，すなわちインフルエンサーが存在する。先述のLazarsfeld, *et al.*（1944）およびKatz and Lazarsfeld（1955）は，そうしたインフルエンサーをオピニオン・リーダーと呼び，その役割に言及した先駆的研究である。彼らによると，オピニオン・リーダーは，特定の製品に対する関与が高く，マス・コミュニケーションを通じて積極的に情報を収集することによってその製品に関する深い知識を有しているということ，そして，その知識に基づいて集団内のメンバーに情報を伝達するということが見出された。Rogers（1962）も，オピニオン・リーダーの役割について言及している。彼は，イノベーターの次に新製品を採用する初期採用者がオピニオン・リーダーの役割を果たし，フォロワーに対して新製品に関する情報を伝達すると指摘した。すなわち，初期採用者は，オピニオン・リーダーとして，多くの消費者に先立って新製品を採用，経験し，それを通じて得た知識に基づいて新製品に関するクチコミを発信するということが示唆された。

彼らの後続研究においても，オピニオン・リーダーおよび初期採用者は，製品あるいは製品カテゴリーに関する特定の知識に基づいて情報を伝達し，他の消費者の行動に影響を与えるということが主張されてきた（e.g., Baumgarten, 1975; Bloch and Richins, 1983; Jacoby and Hoyer, 1981; Midgley and Dowling, 1978）。そして，オピニオン・リーダーは，特定の製品あるいは製品カテゴリーに対する持続的な高関与に由来して知識を得る一方，初期採用者は，特定の製品の購買あるいは使用経験を通じて知識を得ると主張された。このことから，製品あるいは製品カテゴリーごとに異なるオピニオン・リーダーが存在していると結論づけられた（e.g., Feick and Price, 1987; Katz and Lazarsfeld, 1955; King and Summers, 1970; Myers and Robertson, 1972; 濱岡, 1993; 濱岡・里村, 2009）。オピニオン・リーダーに関する一連の研究の主張とは異なり，Feick and Price（1987）は，複数の製品カテゴリーにまたがった万能的なオピニオン・リーダーの存在を指摘し，そのような消費者をマーケット・メイブン（market maven）と呼んだ。マーケット・メイブンとは，「複数の製品，買物場所，市場のその他の側面に関する情報を持ち，他の消費者との会話を主導しながら，市場に関する情報を求められれば対応する消費者」である。Feick and Price は，買物や市場に関する一般的な情報を提供しようとする消費者の傾向を測定する尺度を開発し，この尺度が高得点だった消費者をマーケット・メイブンと見なした。開発した尺度を用いて1,531世帯を対象に質問紙調査を行い，それを通じて収集した消費者データを用いて因子分析を行った。

　分析の結果，マーケット・メイブンは，オピニオン・リーダーおよび初期採用者とは別に存在しているということが示された。さらに，消費者は，マーケット・メイブンの存在を識別することが可能であり，自身の購買意思決定にマーケット・メイブンから得た情報を利用していた。Feick and Price は，マーケット・メイブンは，早期における新製品認知，他の消費者への製品情報の提供，複数の情報源を用いた情報探索，クーポンの収集や広告の閲覧といった市場活動への参加に特徴づけられると指摘した。このことから，マーケット・メイブンの情報取得および伝達行動は，市場に対する関与によって生じると結論づけられた。

オピニオン・リーダーやマーケット・メイブンの他にも，様々な種類のインフルエンサーの存在が指摘されている。例えば，Solomon（1986）は，代理消費者（surrogate consumer），すなわち市場活動を手引きしたり，他の消費者に代わって取引を実施したりする代理人の存在を指摘した。代理消費者は，製品や市場に関する情報を他の消費者に提供するだけでなく，購買行動の一部を代理で実施するという役割をも担う消費者なのである。また，濱岡（2002）は，別の種類のインフルエンサーとして，アクティブ・コンシューマーの存在を指摘した。アクティブ・コンシューマーとは「既存の製品・サービスを修正する（製品修正），新しい製品・サービスをつくる（製品創造），新しい用途を発見する（用途創造）といった『創造的消費』を行い，他者とコミュニケートする能動的な消費者」である。このように，インフルエンサーとして積極的にクチコミを発信する消費者は，概して，製品や市場に対する関与が高いと結論づけられる。

3.3　クチコミ発信規定要因としての満足

製品に対する関与の水準にかかわらず，製品の使用経験がある消費者の方が，ない消費者より，その製品に関するクチコミを発信する傾向が高いという（e.g., Arndt, 1968; Bone, 1995; Herr, Kardes, and Kim, 1991）。このように製品の使用経験がクチコミ発信に直接的な影響を与えると主張する研究が存在する一方，両者の関係は満足あるいは不満足によって媒介されると主張する研究も数多く存在する（e.g., Brown and Beltramini, 1989; File and Prince, 1992; Maxham, 2001; Maxham and Netemeyer, 2002; Richins, 1983, 1984; Swan and Oliver, 1989）。

1970年代以降，消費者満足に関する研究が活発に行われ始め，Oliver（1980）が，期待不一致モデルを提唱したことによって，満足研究はより一層精力的に行われるようになった。期待不一致モデルは，満足の対象となる製品やサービスに対する購買前の評価を意味する期待の水準と，その製品の実際の品質や効用に対する購買後の評価を意味する成果水準の差異である期待不一致が消費者満足を規定するプロセスを描写したモデルである。Oliverは，製品購買後の評価としての満足に着目していた一方，例えば，Bolton and Drew（1991）は，満足は，製品あるいはサービス提供者との複数の経験に対する顧客の評価であると定義している。そして，製品の購買あるいは使用経験後に形成された満足の水準は，再購買とクチコミ発信という消費者の購買後行動に影響を与えると主張されている（e.g., Bearden and Teel, 1983; Maxham and Netemeyer, 2002; Oliver, 1980; Ranaweera and Prabhu, 2003; Richins, 1983）。

　多くの研究によって，高水準の消費者満足は正のクチコミの発信を促進するということが主張されている（e.g., File and Prince, 1992; Gremler, Gwinner and Brown, 2001; Maxham, 2001; Swan and Oliver, 1989）。例えば，Swan and Oliver（1989）は，消費者の購買後のコミュニケーションを，正／負のクチコミ，他者への推奨／警告，および，小売業者，製造業者，および販売員への賛辞／苦情の３種類に分類したうえで，消費者満足および衡平が購買後コミュニケーションに与える影響を検討した。ただし，衡平とは，買い手である消費者が時間や金銭，労力といった自身の投入水準と製品の成果や販売員のサービスといった成果水準を，売り手の投入および成果水準と比較するプロセスのことであり，両者の投入水準と成果水準の比率が等しいときに衡平は生じる。Swan and Oliver は，新規の自動車を購買した消費者を対象に大規模な質問紙調査を実施し，収集した消費者データを用いて回帰分析を行った。

　分析の結果，小売業者および販売員に対する満足および衡平が高ければ，小売業者，販売員，および製品に関する正のクチコミの発信，他者への推奨および売り手への賛辞を促進するということが見出された。このことから，製品だけでなく，その製品を販売する小売業者および販売員に対する満足水準も高ければ，それらに関する正のクチコミが発信されると結論づけられた。

　また，Maxham（2001）は，サービス・リカバリーの文脈に着目して，サービスの失敗に対するリカバリー水準が，消費者満足，購買意図，および正のクチコミの発信意図にいかなる影響を与えるのかを検討するために，実験室実験とフィールド調査を実施した。調査の結果，サービス・リカバリーの努力水準が中程度以上であると消費者に知覚されれば，サービスの失敗後の満足水準，購買意図，および正のクチコミの発信意図は高いということが見出された。このことから，サービス提供者がサービスの失敗を埋めようと十

分な努力をすることによって，消費者は正のクチコミを発信しようとすると結論づけられた。

　一方，低水準の消費者満足，すなわち不満足は負のクチコミの発信を促進すると主張されている（e.g., Anderson, 1998; Brown and Beltramini, 1989; Richins, 1983, 1984）。例えば，Richins（1983）は，不満足への消費者反応を，負のクチコミの発信と企業への苦情に分類して，これらの反応はいかなる要因によって生じるのかということを探究した。彼女は，負のクチコミの発信意図および企業への苦情意図に影響を与える要因は，問題の重大さ，不満足の責任の帰属，および，企業の苦情対応の知覚であると仮説化した。ただし，問題の重大さとは，不満足が生じる以前の製品の所有期間，製品をまだ利用できる程度，消費者自身が製品を修理するのが困難な程度，および，製品の価格である。不満足の責任の帰属とは，不満足の責任が，消費者自身ではなく，不満足な製品を提供した生産者あるいは流通業者にあると消費者が感じる程度である。企業の苦情対応の知覚とは，不満足な製品を提供した生産者あるいは流通業者が，消費者からの苦情に対する反応に誠意がなく，大した改善策も提示しないと知られている程度である。Richins は，インタビュー調査および質問紙調査によって収集した，家電製品あるいは衣服に関して不満足な経験をしたことのある約200人の消費者データを用いて相関分析を行った。

　分析の結果，問題の重大さ，不満足の責任の帰属，および，企業の苦情対応の知覚の3要因すべてが，負のクチコミの発信意図との間に正の相関を有するということが見出された。同様に，企業への苦情意図との間にも正の相関を有するということが見出された。このことから，消費者の不満足に関連する問題が重大であり，不満足の責任がその製品を提供した企業にあり，そして，企業の苦情対応が悪いと感じるならば，その消費者は他者に負のクチコミを発信したり，その企業に対して苦情を言ったりすると結論づけられた。

　Richins（1983）の追随研究である Brown and Beltramini（1989）は，消費者の関与が高い状況を想定したうえで，負のクチコミの発信，負のクチコミの程度，および，企業への苦情という不満足への消費者反応を規定する要因を探究し，これら3つの消費者反応に影響を与える要因は，問題の重大さ，問題の原因のコントロール可能性，および，企業の責任の知覚であると仮説

化した。さらに，Brown and Beltramini は，問題の重大さからの影響は，問題によって生じる不都合さによって媒介されると仮説化した。Brown and Beltramini は，質問紙調査によって収集した，故障が原因で都市ガスの供給が突然停止した団地の約400世帯の消費者データを用いて相関分析および回帰分析を行った。ただし，負のクチコミの発信とは，調査対象者が他者に負のクチコミを発信した経験の有無である一方，負のクチコミの程度とは，調査対象者が負のクチコミを発信した人数である。

　分析の結果，負のクチコミの発信に対して，問題の重大さ，および，問題によって生じる不都合さが正の影響を与えていた。すなわち，問題が重大であると感じ，かつ，その問題によって不都合を被った消費者は，他者に負のクチコミをより発信しやすいということである。また，負のクチコミの程度に対して，問題の重大さ，問題から生じる不都合さ，および，問題の原因のコントロール可能性が正の影響を与えていた。すなわち，問題が重大であると感じ，その問題によって不都合を被り，さらに，その問題が生じないように企業がコントロールすることができたと感じた消費者は，より多くの他者に負のクチコミを発信するということである。さらに，企業の苦情に対して，問題の重大さは，問題によって生じる不都合さを介して正の影響を与えていた一方，企業の責任の知覚は直接的に負の影響を与えていた。すなわち，問題が重大であると感じた消費者は，その問題によって不都合であると感じて，企業に対して苦情を言う一方，その企業が問題の責任を十分に知覚していると感じた消費者は，企業に対して苦情を言わないということである。

第4節　受信者の観点から見た
クチコミ研究の展開

　第3節においては，発信者の観点に立って，発信者である消費者の情報提

供行動を説明対象とする研究群を概観した。**第4節**においては，受信者の観点に立って，受信者である消費者の情報取得行動および情報処理を説明対象としてクチコミの影響について検討した研究群をレビューする。

4.1 対面クチコミの影響

　初期のクチコミ研究において，対面クチコミの方が，広告やその他のマーケティング・コミュニケーションより，大きな影響を与えるということが示された（Day, 1971; Holmes and Lett, 1977; Sheth, 1971）。そして，対面クチコミは，消費者のブランド認知（Udell, 1966），正の態度変容（Bone, 1995; Day, 1971; Reynolds and Darden, 1971），製品評価（Herr, Kardes, and Kim, 1991），ブランド評価（Laczniak, *et al.*, 2001; Wilson and Peterson, 1989），および購買意図（Arndt, 1967b, 1968; Charlett, Garland, and Marr, 1995）に正の影響を与えると主張され，そうした対面クチコミの影響を調整する様々な要因も識別されてきた。

　例えば，Wilson and Peterson（1989）は，消費者の事前のブランド評価を調整変数として考慮に入れて，正のクチコミおよび負のクチコミが製品評価に与える影響を検討した。彼らは，消費者1,600人に対して，質問紙調査を実施した。調査対象者には，新しい製品カテゴリーであるデジタル・テープ・レコーダーの2種類の製品，ブランドAとブランドBが推薦されている状況を想定させた。ブランドAは，高価格ではあるものの，音質および本体の品質が優れており，保証期間が長いという特徴を備えている一方，ブランドBは，価格が安く，音質がブランドAと同等に優れているものの，機械の品質は中程度であり，保証期間が短いという特徴を備えていることとした。そのうえで，まず，調査対象者に，2つのブランドを評価させた。その後，各ブランドに関する否定的な製品情報をランダムに与えて，その製品の知覚価値に関する質問項目に回答させ，そして，各ブランドに関する正のクチコミあるいは負のクチコミをランダムに与えて，その製品の購買意図に関する質問項目に回答させた。

　調査の結果，否定的な製品情報を与えられた後の製品の知覚価値に関して，

ブランドAをブランドBより高く評価した消費者は，ブランドBの知覚価値を大きく低下させた一方，ブランドBをブランドAより高く評価した消費者は，ブランドAの知覚価値を大きく低下させた。また，ブランドAおよびブランドBを同等に評価した消費者は，ブランドAの知覚価値を大きく低下させた。これは，ブランドAが音質および本体の品質が優れているため，消費者がブランドAに対して高い期待を抱いたためであると考察されている。

正のクチコミを与えた後の製品の購買意図に関して，ブランドAをブランドBより高く評価した消費者は，ブランドAの購買意図を大きく向上させた一方，ブランドBをブランドAより高く評価した消費者は，ブランドBの購買意図を大きく向上させた。ブランドAとブランドBを同等に評価した消費者は，ブランドAとブランドBの購買意図を同等に向上させた。負のクチコミを与えた後の製品の購買意図に関して，ブランドAをブランドBより高く評価した消費者は，ブランドBの購買意図を大きく低下させた一方，ブランドBをブランドAより高く評価した消費者，および，ブランドAとブランドBを同等に評価した消費者は，ブランドAとブランドB両方の購買意図を同等に低下させた。このことから，消費者が下した事前の製品評価とクチコミにおける製品評価が一致している場合において，正のクチコミの影響および負のクチコミの影響が大きいと結論づけられた。

さらに，Wilson and Peterson は，ブランドにかかわらず，消費者が負のクチコミによって購買意図を低下させた度合いの方が，正のクチコミによって購買意図を向上させた度合いより大きいということを見出した。すなわち，負のクチコミの影響の方が，正のクチコミの影響より大きいということが示唆された。

事前のブランド評価に着目した Wilson and Peterson（1989）とは異なり，クチコミの影響を調整するさらなる変数を探究したのが，Herr, *et al.*（1991）である。彼らは，情報の鮮明性，製品に対する事前の印象，および，製品の属性情報の符号に焦点を合わせ，正のクチコミの影響と負のクチコミの影響を比較検討した。

まず，Herr, *et al.* は，独立変数を，情報の鮮明性（高／低）および情報の

符号（正／負）の 2 × 2 に，従属変数をブランド態度に設定して，二元配置分散分析を行った。ただし，情報の鮮明性とは，情報の提示方法が受け手にとって鮮明である程度のことであり，鮮明性の高い情報の提示方法としてクチコミを，鮮明性の低い情報の提示方法として印刷物を設定した。なお，実験対象製品としてパソコンが用いられた。

分析の結果，肯定的な情報の場合，クチコミの方が，印刷物よりブランド態度を高めた一方，否定的な情報の場合，クチコミの方が，印刷物よりブランド態度を低下させた。すなわち，鮮明性の高いクチコミの方が，鮮明性の低い印刷物より，製品評価に大きな影響を与えるということが見出された。

続いて，Herr, et al. は，独立変数を，属性情報の符号（正／中立／負），クチコミの正負の符号，および，事前の印象（有／無）の 3 × 2 × 2 に，従属変数を，ブランド態度に設定して，三元配置分散分析を行った。なお，実験対象製品として自動車が用いられた。

分析の結果，正の属性情報および中立的な属性情報を提示したとき，事前の印象とクチコミの正負の符号の間には交互効果が見出された。すなわち，クチコミの正負の符号がブランド態度に与える影響の度合いは，事前の印象がある場合の方が，事前の印象がない場合より大きかった。また，正の属性情報および中立的な属性情報を提示したとき，消費者のブランド態度は，正のクチコミを提示した場合の方が負のクチコミを提示した場合より高かった。一方，負の属性情報を提示したとき，クチコミの正負の符号の影響がブランド態度に与える影響の度合いに関して，事前の印象がある場合とない場合の間に統計的有意差はなかった。すなわち，負の属性情報が提示されたときには，クチコミの正負の符号に従ってブランド態度は異ならないということが示唆された。

4.2　企業成果に対する e クチコミの影響

2000年以降，e クチコミに関する研究が，対面クチコミに関する研究に加えて，活発に行われるようになり，e クチコミの影響を議論する研究も増加した。そうした研究は，主に，e クチコミが製品の売上のような企業の成果

変数に与える影響を検討する研究と，eクチコミが購買意図のような消費者の心理的変数に与える影響を検討する研究の2通りに分類される。**4.2**において，前者の研究群，すなわち，eクチコミが企業の成果変数に与える影響を検討する研究群をレビューしたのちに，**4.3**において，後者の研究群，すなわち，eクチコミが消費者の心理的変数に与える影響を検討する研究群をレビューする。

　eクチコミが製品の売上に与える影響を検討した研究として，Liu（2006）が挙げられる。彼は，映画に関するeクチコミに着目し，eクチコミの数およびeクチコミの正負の符号が，映画の興行成績に与える影響を検討した。Liuは，独立変数を，対象期間の各週におけるeクチコミの数，正のeクチコミの存在比率，負のeクチコミの存在比率，および上映映画館数に，従属変数を，対象期間の各週における興行成績とeクチコミの数，および総興行成績に設定して，回帰分析を行った。正のeクチコミ／負のeクチコミの存在比率とは，ある映画に関して投稿されたすべてのeクチコミの中に存在する正のeクチコミ／負のeクチコミの比率である。また，対象期間は映画公開後の8週間であった。分析に際して，Yahoo! Moviesという映画に関する実在の掲示板から収集したeクチコミのデータが用いられた。

　分析の結果，各週の興行成績に対して，正のeクチコミおよび負のeクチコミの存在比率は有意な影響を与えなかった一方，eクチコミの数は正の影響を与えていた。すなわち，各週の興行成績は，正のeクチコミや負のeクチコミの存在比率ではなく，eクチコミの数によって規定されるということが見出された。また，eクチコミの数に対して，前週の正のeクチコミおよび負のeクチコミの存在比率は有意な影響を与えていなかった一方，前週のeクチコミの数が正の影響を与えていた。すなわち，ある週においてeクチコミの数が多ければ，次週におけるeクチコミの数も多いという繰越効果が見出された。さらに，総興行成績に対して，正のeクチコミおよび負のeクチコミの存在比率は有意な影響を与えていなかった一方，eクチコミの数は正の影響を与えていた。すなわち，総興行成績は，正のeクチコミや負のeクチコミの存在比率ではなく，eクチコミの数によって規定されるということが見出された。このことから，ある週にeクチコミが多く発信されると，

その週の映画の総興行成績が向上するだけでなく，その後の週のｅクチコミが促進されると結論づけられた。

　ｅクチコミが製品の売上に与える影響を検討し，ｅクチコミと売上の間に正のフィードバックが作用しているのかを探究したのが，Duan, Gu, and Whinston（2008）である。彼らは，Liu（2006）と同様に，映画に関するｅクチコミに着目し，ある日のｅクチコミの数が同日の映画の興行成績に与える影響，および，ある日の映画の興行成績が同日のｅクチコミの数に与える影響を検討した。Duan, et al. は，独立変数を，t 日の映画 i に関するｅクチコミの数，t-j 日の映画 i に関するｅクチコミの数，および，t 日までの映画 i に関するクチコミ評価に，従属変数を，t 日の映画 i の興行成績に設定して，回帰分析を行うのとともに，独立変数を，t 日の映画 i の興行成績，t-k 日の映画 i の興行成績，および，t 日までの映画 i に関するクチコミ評価に，従属変数を，t 日の映画 i に関するｅクチコミの数に設定して，回帰分析を行った。ただし，クチコミ評価とは，ある映画に関する各ｅクチコミの A$^+$ から D までの評価を，13点から３点の点数評価に換算し，その点数の平均値を算出することによって設定した。分析に際して，Duan, et al. は，Yahoo! Movies から収集したｅクチコミのデータを用いた。

　分析の結果，t 日の映画 i に関するｅクチコミの数は，t 日の映画 i の興行成績に正の影響を与えていた。また，t-1 日の映画 i に関するｅクチコミの数，および，t-2 日の映画 i に関するｅクチコミの数は，t 日の映画 i の興行成績に正の影響を与えていたものの，t 日の映画 i に関するｅクチコミの数ほど大きな影響を与えていなかった。t 日の映画 i の興行成績は，t 日の映画 i に関するｅクチコミの数に正の影響を与えていた。t-1 日の映画 i の興行成績は，t 日の映画 i に関するｅクチコミの数に正の影響を与えていたものの，t 日の映画 i の興行成績ほど大きな影響を与えていなかった。このことから，ｅクチコミと映画の興行成績の間に，ある日のｅクチコミの数が同日の映画の興行成績を増加させ，増加した興行成績によって，ｅクチコミの数もさらに増加するという正のフィードバックが作用していると結論づけられた。

　Liu（2006）および Duan, et al.（2008）は，映画に関するｅクチコミが興行成績に与える影響を検討した一方，Chevalier and Mayzlin（2006）は，書

籍に関するeクチコミがその売上に与える影響を検討した。彼らは，独立変数を，eクチコミの数，eクチコミの長さ，クチコミ評価の平均，5つ星のクチコミ評価の存在比率，および，1つ星のクチコミ評価の存在比率に，従属変数を，売上の順位に設定して回帰分析を行った。ただし，クチコミ評価とは，クチコミ対象の書籍に対して付けられた1つ星から5つ星までの評価である。また，売上の順位とは，各サイトにおける書籍の売上ランキングの中の順位である。なお，分析に際して，Chevalier and Mayzlin は，書籍販売をオンラインで行っている Amazon および Barnes & Noble のサイトから収集したeクチコミのデータが用いられた。データの収集は，期間を分けて3回行われた。

　各サイトから収集したeクチコミのデータを概観したところ，Amazon および Barnes & Noble 両サイトにおけるクチコミ評価の平均は，4つ星以上であった。また，1つ星のクチコミ評価の存在比率は10％以下である一方，5つ星のクチコミ評価の存在比率は50％以上であった。このことから，各サイトに投稿されているeクチコミの特徴として，eクチコミの大半が正のeクチコミであるということが挙げられた。

　分析の結果，売上の順位に対して，Amazon におけるeクチコミの数は，負の影響を与えていた一方，Barnes & Noble におけるeクチコミの数は，有意な影響を与えていなかった。すなわち，Amazon においてのみeクチコミの数が増加すれば，売上の順位が上昇するという関係が見出された。Amazon におけるeクチコミの長さは，正の影響を与えていた一方，Barnes & Noble におけるeクチコミの長さは，有意な影響を与えていなかった。すなわち，Amazon において，eクチコミが長ければ，売上の順位は下降するということが見出された。Amazon のクチコミ評価の平均は，負の影響を与えていた一方，Barnes & Noble のクチコミ評価の平均は，正の影響を与えていた。すなわち，Amazon のクチコミ評価の平均が増加すれば，売上の順位も上昇する一方，Barnes & Noble のクチコミ評価の平均が増加すれば，売上の順位は下降するということが見出された。Amazon における5つ星のクチコミ評価の存在比率は負の影響を与えていた一方，Barnes & Noble における5つ星のクチコミ評価は有意な影響を与えていなかった。

Amazonにおける1つ星のクチコミ評価の存在比率は，正の影響を与えていた一方，Barnes & Nobleにおける1つ星のクチコミ評価は，負の影響を与えていた。さらに，1つ星のクチコミ評価の存在比率の方が，5つ星のクチコミ評価の存在比率より，売上の順位に与える影響が大きかった。これは，1つ星のクチコミ評価は，5つ星のクチコミ評価より，あまり存在しないため，消費者の購買行動に与える影響が大きいからであると考察されている。このことから，書籍に関するeクチコミの特徴として，その売上の順位に与える影響が，サイトによって異なると結論づけられた。

4.3　消費者の心理的変数に対するeクチコミの影響

　4.3においては，eクチコミが消費者の心理的変数に与える影響を検討する研究群をレビューする。Cheung and Thadani（2012）は，eクチコミが消費者の心理的変数に与える影響に関する既存研究の系統的レビューを行い，それらの知見の体系化を試みた。彼女らは，Hovland（1948）による社会的コミュニケーション研究の枠組みを援用して，eクチコミを介したコミュニケーションを構成する要素と，それに関連する要因を識別したうえで，eクチコミの影響を描写するための統合的枠組を構築した。社会的コミュニケーションは，送り手，刺激，受信者，および反応という4つの主要な要素から構成される。ただし，送り手とは，コミュニケーションを伝達する人を，刺激とは，送り手によって伝達されるメッセージを，および，受け手とは，コミュニケーションに反応する人を，反応とは，送り手に対して受け手が示す心理あるいは行動の変化を意味する。Cheung and Thadaniは，eクチコミを介したコミュニケーションの構成要素として，社会的コミュニケーションの4つの構成要素に，新たに文脈的要因を追加した。そして，既存研究の知見を総合して，刺激，送り手，および文脈的要因がeクチコミに対する反応に与える直接的な影響と，刺激がeクチコミに対する反応に与える影響における受け手の調整効果を描写した統合的枠組を提唱した。提唱され統合的枠組は，**図2-3**に示されるとおりである。

　eクチコミを介したコミュニケーションの5つの構成要素に関連する要因

図2-3　eクチコミの影響の統合的枠組

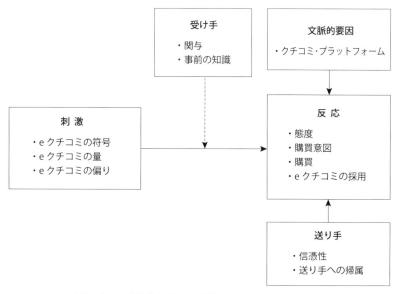

実線の矢印は直接的な影響を，点線の矢印は調整効果を表す。

(注) Cheung and Thadani (2012)，p.464をもとに作成。

を識別した結果，eクチコミに対する反応に関連する要因として，多くの既存研究が調査対象としてきた，態度，購買意図，購買，およびeクチコミの採用が挙げられた。刺激，すなわちクチコミ・メッセージに関連する要因として，eクチコミの正負の符号，量，および偏りが挙げられた。ただし，eクチコミの偏りとは，クチコミ・メッセージが正あるいは負のどちらか一方に偏っている程度である。eクチコミの送り手に関連する要因として，送り手の信憑性や送り手への帰属が挙げられた。eクチコミの受け手に関連する要因として，受け手の関与と事前の知識が挙げられた。そして，文脈的要因として，クチコミ・プラットフォームが挙げられた。クチコミ・プラットフォームは，対面クチコミとeクチコミを区別するための重要な要因であり，eクチコミの採用に大きな影響を与えると指摘された。かくして，eクチコミが消費者の心理的変数に与える影響を論じる際に，刺激に関連する要因としての情報特性，受け手に関連する要因としての受信者特性，送り手に関連

する要因としての発信者特性，および文脈的要因としての環境特性を考慮する必要があるということが示唆された。

　以下では，情報特性として挙げられるeクチコミの数とeクチコミの正負の符号に別々に着目して，消費者の心理的変数に対するeクチコミの数の影響を検討した研究群をレビューしたのちに，eクチコミの正負の符号の影響を検討した研究群をレビューする。

◆ eクチコミの数の影響

　Sher and Lee（2009）は，受信者特性としてeクチコミに対する消費者の不信感に着目したうえで，クチコミの数とクチコミ・メッセージの質という情報特性が，消費者の購買意図に与える影響を検討した。彼らは，独立変数を，eクチコミに対する不信感（高／低），クチコミ・メッセージの質（高／低），および，eクチコミの数（多／少）の2×2×2に，従属変数を，購買意図に設定して，三元配置分散分析を行った。ただし，クチコミ・メッセージの質とは，クチコミ・メッセージが理解しやすく，客観的で，根拠によって裏づけされている程度である。なお，実験対象製品として，携帯電話を用いた。eクチコミの数が多い条件では，6個のeクチコミが被験者に提示される一方，eクチコミの数が少ない条件では，1個のeクチコミが被験者に提示された。実験に用いられたeクチコミは，すべて正のeクチコミであった。

　分析の結果，消費者の購買意図に対する，eクチコミに対する消費者の不信感，クチコミ・メッセージの質，およびクチコミの数の交互効果は有意であった。すなわち，eクチコミに対する不信感が高い消費者に関して，eクチコミの数とクチコミ・メッセージの質は購買意図に影響を与えていなかった一方，eクチコミに対する不信感が低い消費者に関して，eクチコミの数の方が，クチコミ・メッセージの質より，大きな影響を購買意図に与えていた。このことから，eクチコミに対する不信感が強い消費者は，eクチコミの数やクチコミ・メッセージの質とは無関係に，自身の信念に基づいて購買意図を形成すると結論づけられた。

　受信者特性と情報特性を考慮してeクチコミの数の影響を検討したSher

and Lee（2009）と同様に，Park and Lee（2008）は，受信者特性として消費者の関与に着目したうえで，eクチコミの数と，情報提供および推奨というクチコミ・メッセージの種類という情報特性が消費者の購買意図に与える影響を検討した。彼らは，独立変数を，eクチコミの数（3個／9個／27個），クチコミ・メッセージの種類（属性価値クチコミ／単純推奨クチコミ），および消費者の関与（高／低）の3×2×2に，従属変数を，クチコミ対象製品の人気，クチコミの情報提供度，および購買意図に設定して，三元配置分散分析を行った。ただし，属性価値クチコミとは，製品の詳細な特徴に基づいて，客観的かつ具体的に記述しているeクチコミである一方，単純推奨クチコミとは，製品に対する消費者の感情に基づいて，主観的かつ抽象的に記述しているeクチコミである。クチコミ対象製品の人気とは，クチコミ対象製品の人気が高いと知覚される程度である。クチコミの情報提供度とは，eクチコミが多くの情報を提供していると知覚される程度である。なお，実験に際して，ポータブル・メディア・プレーヤーを対象製品として用いた。実験に用いられたeクチコミは，すべて正のeクチコミであった。

　分析の結果，eクチコミの数はクチコミ対象製品の人気に対して正の影響を与えていた。すなわち，eクチコミの数が多ければ，消費者はクチコミ対象製品の人気が高いと知覚するということが示唆された。また，クチコミの情報提供度に対する，eクチコミの数とクチコミ・メッセージの種類の交互効果は有意だった。すなわち，クチコミ・メッセージの種類が属性価値クチコミである場合，eクチコミの数が中程度であるときの方が，eクチコミの数が多いときや少ないときより，クチコミの情報提供度が高く知覚された一方，クチコミ・メッセージの種類が単純推奨クチコミである場合，eクチコミの数が多いときの方が，eクチコミの数が中程度であるときや少ないときより，クチコミの情報提供度が高く知覚された。さらに，購買意図に対する，eクチコミの数，クチコミ・メッセージの種類，および消費者の関与の交互効果は有意だった。すなわち，低関与な消費者に関して，クチコミ・メッセージの種類によらず，eクチコミの数が多ければ購買意図も高かった一方，高関与な消費者に関して，クチコミ・メッセージの種類が属性価値クチコミである場合の方が，単純推奨クチコミである場合より，購買意図は高かった。

高関与な消費者が属性価値クチコミを読む場合には，eクチコミの数が中程度であるときの方が，eクチコミの数が多いときや少ないときより，購買意図は高かった。このことから，低関与な消費者は，eクチコミの数の多さを重視して購買意図を形成する一方，高関与な消費者は，クチコミ・メッセージから得られる属性情報を重視して購買意図を形成すると結論づけられた。

Sher and Lee（2009）や Park and Lee（2008）と同様に，情報特性としてeクチコミの数に焦点を合わせた Gupta and Harris（2010）は，eクチコミの数と消費者の製品選択の関係に対して，消費者の情報処理動機という受信者特性とクチコミ対象製品の最適さという製品特性が与える影響を検討した。彼らは，被験者を情報処理動機の高い消費者と情報処理動機の低い消費者に分類したのちに，独立変数を，eクチコミの数（0個／1個／10個），およびクチコミ対象製品の最適さ（最適／準最適）の3×2に，従属変数を，クチコミ対象製品の検討時間とクチコミ対象製品の選択意図に設定して，二元配置分散分析を行った。ただし，最適なクチコミ対象製品とは，クチコミ対象製品が，消費者の重視する属性に対するニーズを満たしている製品である一方，準最適なクチコミ対象製品とは，消費者の重視する属性に対するニーズをそれほど満たしていない製品である。なお，実験に際して，ノートパソコンが対象製品として用いられた。

分析の結果，クチコミ対象製品の検討時間に対する，消費者の情報処理動機とeクチコミの数の交互効果は有意だった。すなわち，情報処理動機の高い消費者の方が，低い消費者より，eクチコミの数が1個から10個に増加するのに伴ってクチコミ対象製品の検討時間が増加した。また，情報処理動機の高い消費者に関して，eクチコミの数が0個のときの方が，1個のときより，クチコミ対象製品の検討時間が長かった。このことから，情報処理動機の高い消費者は，eクチコミが全く掲載されていないとき，参考になる情報を持たないことによってクチコミ対象製品を注意深く検討する一方，eクチコミの数が多いときには，eクチコミを精査することによってクチコミ対象製品を注意深く検討すると結論づけられた。さらに，クチコミ対象製品の選択意図に対する，クチコミ対象製品の最適さとeクチコミの数の交互効果は有意だった。すなわち，情報処理動機の高い消費者と低い消費者の両方に関

して，クチコミ対象製品が最適である場合，eクチコミの数が0個から10個に増加するのに伴ってクチコミ対象製品の選択意図も増加した一方，クチコミ対象製品が準最適である場合，eクチコミの数が1個のときの方が，0個のとき，および10個のときより，クチコミ対象製品の選択意図は高かった。このことから，クチコミ対象製品が最適である場合，eクチコミの数は消費者のクチコミ対象製品の選択意図に正の影響を与える一方，クチコミ対象製品が準最適である場合，1個のeクチコミでも，消費者の製品選択を十分に促進しうると結論づけられた。

　Sher and Lee（2009），Park and Lee（2008）およびGupta and Harris（2010）は，eクチコミの数の説明対象として，主に消費者の購買意図や製品選択に焦点を合わせてきた一方，クチコミの知覚有用性に焦点を合わせた研究として，Pan and Zhang（2011）が挙げられる。彼らは，eクチコミの数と長さという情報特性，クチコミ対象製品の評価と種類という製品特性，および発信者の革新性という発信者特性がクチコミの知覚有用性に与える影響を検討した。なお，クチコミの知覚有用性とは，eクチコミを閲覧する消費者がそのeクチコミを有用であると知覚する程度である。まず，Pan and Zhangは，独立変数を，1つの製品に投稿されたeクチコミの数，eクチコミの長さ，クチコミ対象製品の評価，およびクチコミ対象製品の種類に，従属変数を，eクチコミを有用であると評価した消費者の数に設定して，回帰分析を行った。ただし，クチコミ対象製品の評価とは，eクチコミを発信する消費者が製品の全体的評価として採点した点数評価である。クチコミ対象製品の種類は，二値変数として，音楽CD，映画のDVD，およびビデオゲームといった経験財を1，GPS，写真編集ソフト，およびヘルスケア商品といった実用財を0に設定した。なお，分析に際して，Amazon.comから消費者データを収集した。

　分析の結果，クチコミ対象製品が経験財である場合の方が，実用財である場合より，クチコミ対象製品の評価がクチコミの知覚有用性により大きな正の影響を与えていた。すなわち，経験財に関するクチコミの知覚有用性は，その製品の評価によって大きく規定されるということが示唆された。また，クチコミ対象製品が実用財である場合の方が，経験財である場合より，eク

チコミの長さがクチコミの知覚有用性により大きな正の影響を与えていた。すなわち，実用財に関するクチコミの知覚有用性は，そのeクチコミの長さによって大きく規定されるということが見出された。

　続いて，Pan and Zhang は，独立変数を，eクチコミの内容から読み取れる発信者の革新性に，従属変数を，クチコミの知覚有用性に設定して，回帰分析を行った。発信者の革新性とは，eクチコミを閲覧した消費者が，発信者はある特定の領域における新製品に関する学習を行っていたり，新製品を積極的に採用する傾向を持っていたりする人であると知覚する程度である。

　分析の結果，発信者の革新性が中程度である場合の方が，発信者の革新性が高い場合および低い場合より，クチコミの知覚有用性が高かった。すなわち，発信者の革新性は，クチコミの知覚有用性に対して逆U字型の影響を与えているということが見出された。

　以上のようにeクチコミの数の影響に関する研究によって得られた知見は，**表2-2**に示されるとおりである。

◆ eクチコミの正負の符号の影響

　情報特性としてeクチコミの数に着目する研究が存在する一方，eクチコミの正負の符号に着目する研究も存在する。例えば，East, Hammond, and Lomax（2008）は，受信者特性としてeクチコミを読む前の購買意図に着目したうえで，eクチコミの正負の符号が消費者の購買意図に与える影響を検討した。彼らは，独立変数を，eクチコミを読む前の対象製品の購買意図（高／低）とeクチコミの正負の符号の2×2に，従属変数を，eクチコミを読んだ後の対象製品の購買意図に設定して，二元配置分散分析を行った。なお，実験に際して，様々な種類の製品あるいはサービスを用いた。被験者には，正のeクチコミの条件では，1個の正のeクチコミが，負のeクチコミの条件では，1個の負のeクチコミが提示された。

　分析の結果，eクチコミを読んだ後の対象製品の購買意図に対して，eクチコミを読む前の対象製品の購買意図とeクチコミの正負の符号の交互効果は有意だった。すなわち，eクチコミを読む前の対象製品の購買意図が低い場合，正のeクチコミの正の影響の度合いの方が，負のeクチコミの負の影

表2-2　eクチコミの数の影響に関する研究の知見

研究	従属変数	情報特性	発信者特性	受信者特性	製品特性	主要な知見
Sher and Lee (2009)	購買意図	・eクチコミの数 ・eクチコミの質		eクチコミに対する不信感		・不信感が高い消費者の購買意図に対して，eクチコミの質と量は影響を与えなかった。 ・不信感が低い消費者の購買意図に対して，eクチコミの数の方が，eクチコミの質より大きな影響を与えた。
Park and Lee (2008)	・製品の人気 ・eクチコミの情報提供度 ・購買意図	・eクチコミの数 ・eクチコミの種類		関与		・eクチコミの数が多ければ，低関与な消費者の購買意図は高かった。 ・高関与な消費者の購買意図は，属性価値クチコミの数が中程度であるときの方が，eクチコミの数が多いときや少ないときより高かった。
Gupta and Harris (2010)	・製品の検討時間 ・選択意図	eクチコミの数		情報処理動機	最適さ	・最適製品の選択意図に対して，eクチコミの数は正の影響を与えた。 ・準最適製品の選択意図は，eクチコミの数が1個の場合に最も高かった。
Pan and Zhang (2011)	eクチコミの知覚有用性	・eクチコミの数 ・eクチコミの長さ	革新性		・製品の評価 ・製品の種類（経験財／実用財）	・経験財に関するeクチコミの知覚有用性は，製品の評価に規定された一方，実用財に関するeクチコミの知覚有用性は，eクチコミの長さに規定された。 ・発信者の革新性は，eクチコミの知覚有用性に逆U字型の影響を与えた。

響の度合いより大きく，eクチコミを読む前の対象製品の購買意図が高い場合，負のeクチコミの負の影響の度合いの方が，正のeクチコミの正の影響の度合いより大きかった。このことから，消費者が購買したいと強く思う製品に関しては，負のeクチコミの負の影響を受けやすい一方，消費者が全く購買したくないと思っている製品に関しては，正のeクチコミの正の影響を受けやすいと結論づけられた。

　East, *et al.* とは異なり，eクチコミの正負の符号の説明対象としてクチコミの説得性に焦点を合わせたのが，Zhang, Craciun, and Shin（2010）であ

る。彼らは，制御焦点理論を援用し，受信者特性として消費目標（促進／予防）に着目したうえで，eクチコミの正負の符号がクチコミの説得性に与える影響を検討した。制御焦点理論とは，人が，自身の目標を達成するために努力する理由を，促進および予防という自己制御によって説明しようと試みた理論である（Higgins, 1997）。自己制御とは，人が，自身の設定した目標を達成するための行動を選択し，その目標に対する進歩を自己評価するプロセスであり，その目標は促進焦点および予防焦点の2種類から構成されている（Carver and Scheier, 1998）。促進焦点を持つ消費者は，自身の消費を通じて望ましい成果を得ることを目標に設定する一方，予防焦点を持つ消費者は，自身の消費を通じて望ましくない成果を回避することを目標に設定する[1]。Zhang, et al. は，独立変数を，消費目標（促進／予防）およびeクチコミの正負の符号の2×2に，従属変数を，クチコミの説得性に設定して，二元配置分散分析を行った。なお，実験に際して，促進消費目標に関連した製品として，写真編集ソフトウェアを，予防消費目標に関連した製品として，ウイルス対策ソフトウェアを用いた。被験者に提示した3個のeクチコミのうち2個は，中立的クチコミであり，1個は正のeクチコミあるいは負のeクチコミであった。

　分析の結果，クチコミの説得性に対する，消費目標とeクチコミの正負の符号の交互効果は有意だった。すなわち，消費者が促進消費目標を持つ場合，正のeクチコミの説得性の方が，負のeクチコミの説得性より大きかった一方，予防消費目標を持つ場合，負のeクチコミの説得性の方が，正のeクチコミの説得性より大きかった。このことから，消費者が抱く消費目標の違いに伴って，正のeクチコミと負のeクチコミの説得性は異なると結論づけられた。

　eクチコミの正負の符号に関連する情報特性として，クチコミ点数の平均点と分散に着目したのが，Lee and Lee（2009）である。彼らは，消費者の購買意図に対して，クチコミ点数の平均点と分散という情報特性，およびクチコミ対象製品の種類という製品特性が与える影響を検討した。まず，Lee and Lee は，品質が，嗜好を介して，あるいは，直接的に，購買意図に影響を与えることを描写したモデルを構築した。品質とは，消費者がクチコミ対象製品を良い製品であると思う程度である一方，嗜好とは，消費者がクチコ

ミ対象製品を好む程度である。次に，Lee and Lee は，クチコミ対象製品の種類（品質評価／嗜好評価）およびクチコミ点数の平均点（高／低）の 2 × 2 種類と，クチコミ対象製品の種類（品質評価／嗜好評価）およびクチコミ点数の分散（大／小）の 2 × 2 種類，すなわち，8 種類の仮想のクチコミサイトを作成し，各クチコミサイトで想定された状況におけるモデル間の比較を行った。ただし，品質評価型製品とは，主に製品の品質に基づいて客観的に評価される製品であり，調査にはパソコンの OS ソフトウェアを用いた。嗜好評価型製品とは，主に消費者の嗜好に基づいて主観的に評価される製品であり，調査には映画を用いた。

　共分散構造分析の結果，品質評価型製品の場合，クチコミ点数の平均点が高いときの方が，クチコミ点数の平均点が低いときより，嗜好が購買意図に与える影響の度合いは大きかった一方，クチコミ点数の分散が大きいときの方が，クチコミ点数の分散が小さいときより，品質が購買意図に与える影響の度合いは大きかった。さらに，嗜好評価型製品の場合，クチコミ点数の平均点が高いときの方が，クチコミ点数の平均点が低いときより，品質が購買意図に与える影響の度合いは大きかった一方，クチコミ点数の分散が大きいときと小さいときの間において，品質が購買意図に与える影響に関する有意な差は認められなかった。このことから，消費者が e クチコミを参照する際に購買意図を促進するような情報は，クチコミ対象製品特性や情報特性の違いに従って異なると結論づけられた。

　以上のように e クチコミの正負の符号の影響に関する研究によって得られた知見は，**表2-3**に示されるとおりである。

◆ e クチコミの正負比率の影響

　East, *et al.* や Zhang, *et al.* を始めとして，e クチコミの正負の符号の影響を検討した研究は，消費者行動に対して正の e クチコミは正の影響を，負の e クチコミは負の影響を与えると一貫して主張してきた(e.g., Lee and Youn, 2009; Park and Lee, 2008; Sen and Lerman, 2007; Scholosser, 2011; Xia and Bechwati, 2008)。しかしながら，既存研究は，ある製品に関する e クチコミが掲載されているウェブページ上で，消費者が正あるいは負の e クチコミの

表2-3　eクチコミの正負の符号の影響に関する研究の知見

研究	従属変数	情報特性	発信者特性	受信者特性	製品特性	主要な知見
East, *et al.* (2008)	購買意図	eクチコミの正負の符号		eクチコミを読む前の購買意図		・eクチコミを読む前の対象製品の購買意図が低い場合，正のeクチコミの正の影響の度合いの方が，負のeクチコミの負の影響の度合いより大きかった。 ・eクチコミを読む前の対象製品の購買意図が高い場合，負のeクチコミの負の影響の度合いの方が，正のeクチコミの正の影響の度合いより大きかった。
Zhang, *et al.* (2010)	eクチコミの説得性	eクチコミの正負の符号		消費目標		・消費者が促進消費目標を持つ場合，正のeクチコミの説得性の方が，負のeクチコミの説得性より大きかった。 ・消費者が予防消費目標を持つ場合，負のeクチコミの説得性の方が，正のeクチコミの説得性より大きかった。
Lee and Lee (2009)	購買意図	・クチコミ評価の平均点 ・クチコミ評価の分散			製品の種類（品質評価型製品／嗜好評価型製品）	・クチコミ評価の平均点が高いときの方が，低いときより，嗜好が購買意図を促進した。 ・クチコミ評価の分散が大きいときの方が，小さいときより，品質が購買意図を促進した。

　みを参照して，その製品を評価するような対面クチコミと同様の状況を前提としてきたのである。すなわち，既存研究が想定していたのは，消費者が正のeクチコミ，あるいは負のeクチコミのどちらか一方に露出する状況であった。したがって，消費者が1つのウェブページ上で複数の正と負のeクチコミに同時に露出したとき，それらのeクチコミからいかなる影響を受けて製品評価を行うのかということは，既存研究において検討されてこなかった。こうした既存研究の残した重大な問題に対応して，消費者が1つのウェブページ上で複数の正と負のeクチコミに同時に露出する状況を，そのウェブページ上における正のeクチコミと負のeクチコミの比率という変数として考慮した希少な研究が存在する（Doh and Hwang, 2009; Lee, Park and Han, 2008）。

Lee, *et al.*（2008）は，消費者が1つのウェブページ上で複数の正と負のe
クチコミに同時に露出する状況を想定して，そのページ上における負のe
クチコミの比率が消費者の製品に対する態度に与える影響を検討した。その際，
情報特性として負のeクチコミの質と，受信者特性として消費者の関与も考
慮に入れた。Lee, *et al.* は，独立変数を，負のeクチコミの比率（高／低），
負のeクチコミの質（高／低），および消費者の関与（高／低）の2×2×2
に，従属変数を，製品に対する態度に設定して，三元配置分散分析を行った。
ただし，高品質なeクチコミとは，製品との関連性，信頼性，理解容易性，
および，根拠の十分性が高いeクチコミである一方，低品質なeクチコミと
は，それらがすべて低いeクチコミである。なお，実験に際して，新製品の
MP3プレーヤーを対象製品として用いた。負のeクチコミの比率が高い条
件として，仮想のオンラインショッピングサイトにおける1つのウェブペー
ジ上に掲載された8個のeクチコミのうち，4個が正のeクチコミである一
方，4個が負のeクチコミである状況を，負のeクチコミの比率が低い条件
として，1つのウェブページ上に掲載された8個のeクチコミのうち，6個
が正のeクチコミである一方，2個が負のeクチコミである状況を用意した。
　分析の結果，負のeクチコミの比率が高い場合の方が，負のeクチコミの
比率が低い場合より，消費者の製品に対する態度は低かった。すなわち，1
つのウェブページ上に負のeクチコミが増加するのに伴って，消費者は負の
eクチコミによる負の影響を受けるということが示唆された。また，製品に
対する態度に対する，負のeクチコミの比率，負のeクチコミの質，および
消費者の関与の交互効果は有意だった。すなわち，高関与な消費者の製品に
対する態度に対して，高品質な負のeクチコミが与える影響の方が，低品質
な負のeクチコミが与える影響より大きかった一方，低関与な消費者の製品
に対する態度に対して，負のeクチコミの質が与える影響に差異は見出され
なかった。そして，高品質な負のeクチコミの比率が高い場合には，高関与
な消費者の方が，低関与な消費者より，製品に対する態度を低く形成した。
このことから，1つのウェブページ上における負のeクチコミが多いほど，
消費者の製品に対する態度は低いと結論づけられた。
　さらに，1つのウェブページ上における正のeクチコミと負のeクチコミ

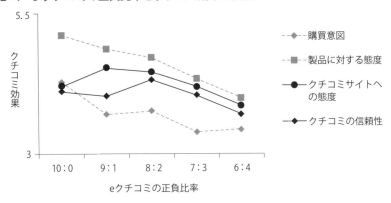

図2-4　eクチコミの正負比率とクチコミ効果の関係

凡例:
- -◆- 購買意図
- -■- 製品に対する態度
- -●- クチコミサイトへの態度
- -◆- クチコミの信頼性

縦軸: クチコミ効果（3〜5.5）
横軸: eクチコミの正負比率（10:0　9:1　8:2　7:3　6:4）

（出所）Doh and Hwang（2009），p.196. 邦訳は，筆者による。

の比率の影響を検討した研究として，Doh and Hwang（2009）が挙げられる。彼らは，独立変数を，eクチコミの正負比率（10:0／9:1／8:2／7:3／6:4）に，従属変数を，製品に対する態度，購買意図，クチコミサイトへの態度，および，eクチコミの信頼性によって測定されるクチコミ効果に設定して，一元配置分散分析を行った。なお，実験に際して，彼らは，デジタルカメラおよび映画を用いた。仮想のクチコミサイトにおける1つのウェブページ上に掲載された10個のeクチコミのうち，eクチコミの正負比率が10:0である条件として，10個すべてが正のeクチコミである状況を，9:1である条件として，9個が正のeクチコミである一方1個が負のeクチコミである状況を，8:2である条件として，8個が正のeクチコミである一方2個が負のeクチコミである状況を，7:3である条件として，7個が正のeクチコミである一方3個が負のeクチコミである状況を，6:4である条件として，6個が正のeクチコミである一方4個が負のeクチコミである状況を用意した。ただし，各eクチコミは実在のクチコミサイトから収集したものを使用したうえで，各eクチコミの長さは均一に揃えられた。

　分析の結果は，**図2-4**に示されるとおりである。製品に対する態度については，eクチコミの正負比率が10:0の場合に最も高く，9:1から6:4へと負のeクチコミの比率が高くなるのに従って低下した。多重比較分析の結果，e

クチコミの正負比率が10:0の場合と7:3の場合の間，および，10:0の場合と6:4の場合の間には，有意な差が認められた一方，10:0の場合と9:1の場合，9:1の場合と8:2の場合の間には，有意な差は認められなかった。すなわち，eクチコミの正負比率と製品に対する態度の間に線形の正の関係があるということが示唆された。

　購買意図については，eクチコミの正負比率が10:0の場合に最も高く，続いて8:2，9:1，7:3，6:4の場合の順に高かった。多重比較分析の結果，eクチコミの正負比率が10:0の場合と7:3の場合の間，および，10:0の場合と6:4の場合の間には，有意な差が認められたものの，それ以外の場合の間には有意な差は認められなかった。すなわち，製品に対する態度に関する結果と同様に，eクチコミの正負比率と購買意図の間に線形の正の関係があるということが示唆された。

　また，クチコミサイトへの態度については，eクチコミの正負比率が9:1の場合に最も高く，続いて8:2，10:0，7:3，6:4の場合の順に高かった。多重比較分析の結果，eクチコミの正負比率が9:1の場合と6:4の場合の間，および，8:2の場合と6:4の場合の間には，有意な差が認められたものの，10:0の場合と6:4の場合の間には，有意な差は認められなかった。このことから，クチコミサイト上で多数の正のeクチコミの中に一定の割合の負のクチコミが存在する場合の方が，負のeクチコミが全く存在しない場合より，消費者はクチコミサイトに対して好ましい態度を形成すると結論づけられた。

　クチコミの信頼性については，eクチコミの正負比率が8:2の場合に最も高く，続いて10:0，9:1，7:3，6:4の場合の順に高かった。多重比較分析の結果，eクチコミの正負比率が8:2の場合と6:4の場合の間には，有意な差が認められたものの，eクチコミの正負比率が10:0の場合とそれ以外の比率の場合の間には，有意な差は認められなかった。このことから，クチコミサイト上で多数の正のeクチコミの中に一定の割合の負のeクチコミが存在する場合の方が，負のeクチコミが全く存在しない場合より，消費者は，そのサイトに掲載されたeクチコミを信頼すると結論づけられた。

　かくして，負のeクチコミのみの影響に焦点を合わせるならば，負のeクチコミは消費者行動に負の影響しか与えないものの，多数の正のeクチコミ

表2-4　eクチコミの正負比率の影響に関する研究の知見

研究	従属変数	情報特性	発信者特性	受信者特性	製品特性	主要な知見
Lee, *et al.* (2008)	製品態度	・負のeクチコミの比率 ・負のeクチコミの質		関与		負のeクチコミの比率が高くなれば，消費者の製品に対する態度は低下する。
Doh and Hwang (2009)	・製品態度 ・購買意図 ・クチコミサイトに対する態度 ・クチコミの信頼性	eクチコミの正負比率				多数の正のeクチコミの中に一定の割合の負のeクチコミが存在する場合の方が，負のeクチコミが全く存在しない場合より，クチコミサイトに対する態度とeクチコミの信頼性の水準が高い。

の中に存在する一定の割合の負のeクチコミは，消費者行動に負の影響を与えるのではなく，それどころか逆説的に正の影響を与えるということを，彼らの研究は指摘している。すなわち，クチコミサイト上に負のeクチコミが全く存在しない場合において，消費者はその情報を提供しているクチコミサイトや，その情報の信頼性に対して疑念を抱くということが示唆された。なお，購買意図，製品に対する態度，クチコミサイトへの態度，および，eクチコミの信頼性のいずれもが，eクチコミの正負比率が6:4の場合に最も低かったことから，正のeクチコミに対する負のeクチコミの割合が一定水準を上回るときには，負のeクチコミによる負の影響の方が，正のeクチコミによる正の影響より大きく，結果的に消費者行動に負の影響を与えるということが示唆された。

　以上のようにeクチコミの正負比率の影響に関する研究によって得られた知見は，**表2-4**に示されるとおりである。

第5節　既存研究の問題と本書の分析枠組

　eクチコミの正負の符号に関する研究群とeクチコミの正負比率に関する研究群の知見は，**表2-5**に整序されるとおりである。

　Lee, *et al.*（2008）や Doh and Hwang（2009）というeクチコミの正負比率の影響を検討した研究は，消費者が1つのウェブページ上で複数の正と負のeクチコミに同時に露出する状況を，そのウェブページ上におけるeクチコミの正負比率という変数として考慮に入れた。特に Doh and Hwang（2009）は，消費者が1つのウェブページ上で複数の正と負のeクチコミに同時に露出する状況を想定したうえで，多数の正のeクチコミの中に存在する一定の割合の負のeクチコミが消費者行動に正の影響を与えるという興味深い現象が生起するということを報告した。しかしながら，eクチコミの正負比率の影響に関する研究は，調整変数の考慮や従属変数の変更によって，eクチコミの正負比率が消費者行動に与える多様な影響を描写しきれていないという重大な問題を残している。この問題は，大きく2つに分けられる。

　第1の問題は，既存研究が，様々な情報特性，受信者特性，および製品特性を調整変数として考慮に入れることによって，eクチコミの影響に関する知見を豊富に蓄積してきた一方（e.g., Cheung and Thadani, 2012; East, *et al.*, 2008; Gupta and Harris, 2010; Lee and Lee, 2009; Park and Lee, 2008; Pan and Zhang, 2011; Sher and Lee, 2009; Zhang, *et al.*, 2010），eクチコミの正負比率に関する研究は，eクチコミの正負比率が消費者行動に与える影響を調整しうる情報特性，受信者特性，製品特性，および環境特性を考慮に入れていないということである。この問題に基づいて，本書が取り組む**研究課題1**「消費者が1つのウェブページ上で複数の正と負のeクチコミに同時に露出する状況を想定すると生じる3つの現象，すなわち，負のeクチコミの存在が消費者の製品評価に正の影響を与える現象，その影響が促進される現象，およ

表2-5　eクチコミの正負の符号に関する研究とeクチコミの正負比率に関する研究の知見

		eクチコミの正負の符号の影響を検討した研究群	eクチコミの正負比率の影響を検討した研究群
独立変数		・eクチコミの正負の符号	・eクチコミの正負比率
従属変数		・購買意図 ・eクチコミの説得性	・製品に対する態度 ・購買意図 ・クチコミサイトに対する態度 ・eクチコミの信頼性
調整変数	情報特性	・クチコミ評価の平均点・分散	・負のクチコミの質
	受信者特性	・関与 ・事前の知識 ・eクチコミを読む前の購買意図 ・消費目標	・関与
	製品特性	・品質評価型／嗜好評価型	
	環境特性		
主な成果		・消費者行動に対して正のeクチコミは正の影響を，負のeクチコミは負の影響を与えるということを示した。 ・eクチコミの正負の符号の影響を調整する様々な要因を識別した。	・消費者が1つのウェブページ上で複数の正と負のeクチコミに露出する状況を想定した。 ・多数の正のeクチコミの中に存在する一定の割合の負のeクチコミは消費者行動に正の影響を与えるということを示した。
問題		・消費者が正あるいは負のeクチコミのみを参照して，その製品を評価するような対面クチコミと同様の状況を前提としてきた。 （この問題は，eクチコミの正負比率の影響を検討した研究群によって対処されている。）	（問題1） eクチコミの正負比率が消費者行動に与える影響を調整しうる情報，受信者，製品および環境特性を考慮していない。
		（問題2） 消費者購買意思決定プロセスにおける情報統合段階および製品評価段階に焦点を合わせており，そのプロセスの川上の段階である情報取得段階に着目していない。	

び，負のeクチコミの存在による負の影響が緩和される現象がいかなる条件のもとで生起するのか」が設定された。

　第2の問題は，既存のeクチコミ研究の大半は，消費者購買意思決定プロセスにおける情報統合段階および製品評価段階に焦点を合わせてeクチコミの影響を議論しており，そのプロセスの川上の段階である情報取得段階に着目していないということである。この問題に基づいて，本書が取り組む**研究課題2**「1つのウェブページ上で複数の正と負のeクチコミに同時に露出し

た消費者が，同一ページ上での情報探索を注意深く行おうとしたり，逆に中断したりするという現象がいかにして生起するのか」が設定された。

　第1章の**第4節**において論じられたように，**研究課題1**は，負のeクチコミの存在が消費者の製品評価に正の影響を与える現象，その影響が促進される現象，および，負のクチコミ比率の影響が緩和される現象に別々に着目することによって，以下の3つの小課題に分解される。すなわち，

> (1−i)　負のeクチコミの存在が消費者の製品評価に正の影響を与える
> 　　　　現象がいかなる条件のもとで生起するのか
> (1−ii)　負のeクチコミの存在が消費者の製品評価に与える正の影響は
> 　　　　いかなる条件のもとで促進されるのか
> (1−iii) 消費者が1つのウェブページ上で複数の正と負のeクチコミに
> 　　　　同時に露出する状況において，そのページ上における負のeク
> 　　　　チコミの比率が消費者の製品評価に与える影響は，いかなる条
> 　　　　件のもとで緩和されるのか

という課題である。

　研究課題(1−i)に対応するために，eクチコミの正負比率と消費者の製品評価の関係に対して，製品特性，受信者特性，情報特性，および環境特性がいかなる影響を与えるのかを検討する。その際，製品特性として，快楽財と実用財というクチコミ対象製品の種類を，受信者特性として，クチコミ対象製品カテゴリーに対する消費者の専門性を，情報特性として，便益中心的クチコミと属性中心的クチコミというクチコミ・メッセージの訴求内容の種類を，そして，環境特性として，マーケター作成型プラットフォームと非マーケター作成型プラットフォームというクチコミ・プラットフォームの種類を考慮に入れる。具体的には，eクチコミの正負比率と消費者の製品評価の関係に対して，クチコミ対象製品の種類が与える影響を次章第3章の研究1において，クチコミ対象製品カテゴリーに対する消費者の専門性とクチコミ・メッセージの訴求内容の種類が与える影響を第4章の研究2において，そして，クチコミ・プラットフォームの種類が与える影響を第5章の研究3にお

いて検討する。

　研究課題(1−ii)に対応するために，まず，消費者が1つのウェブページ上で複数の正と負のeクチコミに同時に露出することができるというeクチコミに特有の特徴を考慮することに伴って浮上する別の特徴，すなわち，1つのウェブページ上における正のeクチコミと負のeクチコミの掲載順という情報特性に新たに焦点を合わせる。そのうえで，eクチコミの正負比率が消費者の製品評価に与える影響は，eクチコミの掲載順に従ってどのように異なるのかを検討する。具体的には，研究1と研究2の議論を踏まえて，多数の正のeクチコミの中に存在する一定の割合の負のeクチコミの正の影響が生起する2つの条件，すなわち，クチコミ対象製品が快楽財である場合と専門性の高い消費者が属性中心的クチコミを読む場合に，eクチコミの掲載順が消費者の製品評価にいかなる影響を与えるのかを検討する。第6章の研究4は前者の条件に，第7章の研究5は後者の条件に焦点を合わせる。

　研究課題(1−iii)に対応するために，既存研究が識別した負の対面クチコミや負のeクチコミの影響を緩和する条件，すなわち，クチコミ対象製品が探索財である場合と消費者のブランド精通性が高い場合に焦点を合わせる。すなわち，製品特性として，探索財と経験財というクチコミ対象製品の種類を，受信者特性として，クチコミ対象製品に対する消費者のブランド精通性を考慮に入れる。具体的には，eクチコミの正負比率と消費者の製品評価の関係に対して，クチコミ対象製品の種類が与える影響を第8章の研究6において，そして，クチコミ対象製品に対する消費者のブランド精通性が与える影響を第9章の研究7において検討する。

　研究課題2に対応するために，eクチコミの正負比率の説明対象を，消費者購買意思決定プロセスにおける情報統合・製品評価段階から情報取得段階まで拡張することは可能であるのか否か，可能であるとすれば，eクチコミの正負比率が消費者の情報取得行動にいかなる影響を与えるのかを検討する。その際，情報特性として，便益中心的クチコミと属性中心的クチコミというクチコミ・メッセージの訴求内容の種類を考慮に入れる。具体的には，eクチコミの正負比率とクチコミ・メッセージの訴求内容が消費者の情報取得行動に与える影響を第10章の研究8において検討する。

図2-5　本書の分析枠組

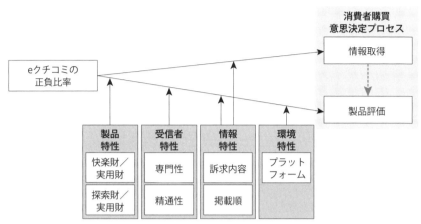

（注）実線の矢印は，実際に影響を与えていることを，点線の矢印は，プロセスの進行を表している。

　次章以降，2つの研究課題に対応して行われる研究の分析枠組は，**図2-5**に示されるとおりである。

(1) Higgins（1997）によると，消費者の制御焦点は，恒常的・固定的に個人が持つ特性である一方，一時的な状況によって変化しうる要因でもある。そのため，実証分析においては，消費者へのサーベイ調査によって個々人の恒常的な制御焦点を測定することもできれば，実験室実験によって刺激を与えて一時的に制御焦点を操作することもできる。

第 **3** 章

研究 1：
負の e クチコミの正の影響が
生起する条件 I

快楽財 対 実用財

第1節　問題意識

　ｅクチコミの正負比率に着目した先行研究は，1つのウェブページ上で消費者が複数の正と負のｅクチコミに同時に露出する状況を想定したうえで，多数の正のクチコミの中に存在する一定の割合の負のｅクチコミが消費者行動に正の影響を与えるという興味深い現象を報告した（Doh and Hwang, 2009）。具体的に，1つのウェブページ上に存在するすべてのｅクチコミの中で，正のｅクチコミと負のｅクチコミが占める比率を設定し，ｅクチコミの正負比率が8:2のときの方が，10:0のときより，クチコミ効果が高いということを見出した。しかしながら，先行研究は，1つのウェブページ上に一定の割合の負のｅクチコミが存在する場合の方が，全く存在しない場合より，消費者行動により好ましい帰結がもたらされるという現象がいかなる条件のもとで生起するのかということについては検討していない。

　この問題点に対応するため，まず，本書の**研究課題(1−i)**に焦点を合わせて，「負のｅクチコミの存在が消費者の製品評価に正の影響を与える現象がいかなる条件のもとで生起するのか」を探究する。その際，第3章では，製品特性として快楽財と実用財というクチコミ対象製品の種類を考慮に入れる。具体的には，1つのウェブページ上における正のｅクチコミと負のｅクチコミの比率が10:0，8:2，および，6:4のとき，クチコミ対象製品が快楽財である場合と実用財である場合というクチコミ対象製品の種類の差異に伴って，消費者の製品評価がどのように異なるのかを検討する。

第2節　既存研究レビュー

　Sen and Lerman（2007）は，快楽財と実用財というクチコミ対象製品の種類に着目し，eクチコミの正負の符号の影響を検討した。彼らは，Adaval（2001）の提唱した感情承認仮説（affect-confirmation hypothesis）を援用して，快楽財の評価は，個人の主観によって下されるため，他者には当てはまりにくい一方，実用財の評価は，製品の具体的な属性評価に基づいて客観的に下されるため，他者にも当てはまりやすいと想定した。感情承認仮説（Adaval, 2001）は，消費者が快楽的な基準に基づいて製品評価を行う場合，自身の気分（mood）に一致する情報を，自身の気分に不一致な情報より重視する一方，消費者が実用的な基準に基づいて製品評価を行う場合，情報に対する重視度は，その情報が自身の気分に一致するかどうかによっては異ならないということを示唆する仮説である。ただし，快楽的な基準とは，消費者がその製品を使用した結果として経験できるだろうと期待する感情である。一方，実用的な基準とは，製品が有用な機能を発揮できると期待する水準である。Sen and Lerman は，快楽財と実用財の間で，その製品に対する評価が他者に当てはまる程度は異なると想定したうえで，帰属理論に依拠して，快楽財と実用財というクチコミ対象製品の種類の差異が，そのeクチコミに記述された製品評価の帰属を介して，その製品に対する評価に異なる影響を与えると仮説化した。

　Sen and Lerman（2007）は，独立変数を，eクチコミの正負の符号とクチコミ対象製品の種類（快楽財／実用財）の2×2に，従属変数を，eクチコミの有用性，製品に関連する帰属，および，クチコミ発信者に関連する帰属に設定し，二元配置分散分析を行った。ただし，製品に関連する帰属とは，eクチコミに記述された製品評価がクチコミ対象製品の品質に密接に関係していると，受信者が知覚する程度である。クチコミ発信者に関連する帰属と

は，eクチコミにおける製品評価がクチコミ対象製品の品質とは無関係な別の根拠に基づいていると，受信者が知覚する程度である。なお，実験対象製品として，Sen and Lerman は，快楽財に休暇中に読むための小説を，実用財にプレゼンテーション用ソフトウェアの解説書をそれぞれ用いた。正のeクチコミの条件では，被験者に1個の正のeクチコミを提示した一方，負のeクチコミの条件では，被験者に1個の負のeクチコミを提示した。

　分析の結果，クチコミ対象製品の種類とeクチコミの正負の符号の交互効果が見出された。すなわち，快楽財に関する負のeクチコミの有用性の方が，実用財に関する負のeクチコミの有用性より低かった。さらに，消費者が快楽財に関する負のeクチコミを読む場合，クチコミ発信者に関連する帰属が強かった一方，消費者が実用財に関する負のeクチコミを読む場合，製品に関連する帰属が強かった。すなわち，クチコミ対象製品が快楽財である場合，消費者は，負のeクチコミにおける否定的な製品評価は，製品の品質とは無関係であり，発信者に特有な製品経験に由来すると知覚して，自身にとって有用な情報ではないと見なした一方，クチコミ対象製品が実用財である場合，消費者は，負のeクチコミにおける否定的な評価は，製品の品質に由来しており，自身も否定的な製品経験をする可能性が高いと知覚して，有用な情報であると見なしたということが示唆された。

　さらに，Sen and Lerman（2007）は同じ設定の実験を再度実施した。その際，従属変数に，製品に対する態度を新たに追加した。なお，実験対象製品として，彼らは，快楽財に音楽の CD を，実用財に外国語講座の CD をそれぞれ用いた。分析の結果，消費者が快楽財に関する負のeクチコミを読む場合の方が，消費者が実用財に関する負のeクチコミを読む場合より，製品に対する態度が高かった。このことから，快楽財の方が，実用財より，負のeクチコミによる負の影響を受けにくいと結論づけられた。このように，クチコミ対象製品の種類の差異に伴って，負のeクチコミが消費者行動に与える影響が異なるという知見に基づいて，第3章は，クチコミ対象製品が快楽財である場合と実用財である場合の間で，eクチコミの正負比率が消費者の製品評価に与える影響がどのように異なるのかを検討する。

第3節 仮説の提唱

製品は快楽財と実用財の2種類に分類できると主張する研究が存在する（Laurent and Kapferer, 1985; Mittal, 1989; Vaughn, 1980; Zaichkowsky, 1987）。これらの既存研究は，快楽財を，満足や個人的な感情によって特徴づけられる製品であると定義した一方，実用財を，製品の機能やパフォーマンスによって特徴づけられる製品であると定義した。快楽財としては，具体的に，音楽，映画，あるいは芸術品などが挙げられる一方，実用財としては，具体的に，家電製品や医薬品などが挙げられる。

快楽財は，消費者に心地よい感情や快楽的な満足を与えるため，快楽財を特徴づける価値，すなわち，快楽的価値は主観的に判断される（Babin, Darden, and Griffin, 1994; Hirschman and Holbrook, 1982）。Hirschman and Holbrook（1982）によると，快楽財を使用することによって，消費者は，製品との感覚的かつ感情的な経験および製品との優良な経験を得るという。消費者は，快楽財に対して，具体的で客観的な属性によって説明することができないような，個人的な価値を抱くのである（Park and Moon, 2003）。

感情承認仮説（Adaval, 2001）によると，消費者が快楽的な基準に基づいて製品評価を行う場合，自身の気分に一致する情報を重視する。すなわち，消費者が快楽財の評価を行う場合，自身の現在の，あるいは，予想される将来の気分に一致するような情報を重視する。クチコミ対象製品が快楽財である場合，消費者はその製品を消費することで得られる好ましい感情を想像する傾向にある。そのため，快楽財に関するeクチコミに対して，消費者は，自身の正の気分に一致しないような負の情報を考慮に入れることなく情報処理を行うと考えられる。Sen and Lerman（2007）は，eクチコミの有用性および製品に対する態度に関して，快楽財の方が，実用財より，負のeクチコミによる負の影響を受けにくいということを示した。快楽財に関する負のe

クチコミを読む場合，消費者は，そのｅクチコミは製品の品質に無関係な情報であると見なして，自身の製品選択に有用な情報ではないと判断する。そのため，消費者は，快楽財に関する負のｅクチコミを読んだとしても，その快楽財に対する態度を容易に低下させないと考えられる。すなわち，消費者は，快楽財に関する負のｅクチコミを読む場合，負のｅクチコミを割り引いて情報処理を行うだろう。

　さらに，消費者は，弱すぎずかつ強すぎない，中程度の刺激を受けた場合，最適な覚醒状態にあり，その刺激に対して最も高い快楽的価値を見出す（Ellis, 1973）。複数のｅクチコミが掲載された1つのウェブページを，消費者の情報処理に対する刺激として見なすと，多数の正のｅクチコミの中に一定の割合の負のｅクチコミが存在するときの方が，正のｅクチコミしか存在しないときより，消費者は快楽的価値の大きな刺激であると見なすだろう。消費者にとって，多数の正のｅクチコミの中に一定の割合の負のｅクチコミが存在するウェブページの快楽的価値が最も大きければ，刺激として受ける情報の対象，すなわち，クチコミ対象製品である快楽財に対しても同様に，快楽的価値を大きく知覚するだろう。

　したがって，クチコミ対象製品が快楽財である場合，1つのウェブページ上に一定の割合の負のｅクチコミが存在していても，消費者は，その負のｅクチコミを考慮に入れることなく情報処理を行うと考えられる。それどころか，多数の正のｅクチコミの中に一定の割合の負のｅクチコミが存在するときの方が，負のｅクチコミが全く存在しないときより，消費者はクチコミ対象製品の快楽的価値を大きく知覚するため，その製品に対して好意的な評価を下すと考えられる。以上の議論より，次の仮説を提唱する。

仮説1.1

　クチコミ対象製品が快楽財である場合，多数の正のｅクチコミの中に一定の割合の負のｅクチコミが存在するときの方が，負のｅクチコミが全く存在しないときより，消費者の製品評価は高い

　一方，実用的価値によって特徴づけられる製品，すなわち，実用財は，特

定の問題を解決するために有用な製品である。そのため，実用財を購買および使用する消費者は，自身の問題が解決されることを志向している（Babin, et al., 1994）。また，実用財は，消費者が製品の実用性を最大限享受できるか，すなわち，その製品が有用であるか，あるいは，機能的および実用的役割を果たすかといった観点から認知的に評価される。なお，製品の実用性とは，製品の具体的な属性に基づくものである（Drolet, Simonson, and Tversky, 2000; Strahilevitz and Meyers, 1998）。

　実用財に関するクチコミを読む場合，消費者の関心は，主に消費直後の成果に向けられている（Batra and Ahtola, 1991; Mort and Rose, 2004）。実用財に関する負のクチコミは，その製品を使用した後の，他者の否定的経験に基づいており，その否定的経験は，製品に内在する特性，すなわち，製品の具体的な属性に由来している。よって，実用財に関する他者の否定的経験は，そのクチコミを読む消費者にも当てはまる可能性が高いと考えられる。消費者は，実用財を使用する際には，製品の実用性を最大化したいため，その製品から引き出す実用性に直接的に関係しうる負の情報は，実用財の評価に際して重要な情報として受け止められる。

　さらに，Sen and Lerman（2007）は，eクチコミの有用性および製品に対する態度に関して，実用財の方が，快楽財より，負のeクチコミによる負の影響を受けやすいということを示した。実用財に関する負のeクチコミを読む場合，消費者は，そのeクチコミが製品の品質に直接的に由来していると見なして，自身の製品選択に有用な情報であると判断する。そのため，負のeクチコミが付されている実用財に対して好ましくない態度が形成されると考えられる。

　したがって，クチコミ対象製品が実用財である場合，1つのウェブページ上に負のeクチコミが掲載されていると，そのウェブページを閲覧する消費者は，負のeクチコミによる負の影響を受けやすいため，その製品評価を低下させるだろう。すなわち，クチコミ対象製品が実用財である場合，負のeクチコミが全く存在しないときの方が，多数の正のeクチコミの中に一定に割合の負のeクチコミが存在するときより，消費者は，クチコミ対象製品の実用的価値を大きく知覚するため，その製品を好意的に評価すると考えられ

図3-1　研究1の概念モデル

る。以上の議論より，次の仮説を提唱する。

仮説1.2
　クチコミ対象製品が実用財である場合，負のeクチコミが全く存在しな
いときの方が，多数の正のeクチコミの中に一定の割合の負のeクチコ
ミが存在するときより，消費者の製品評価は高い

　また，第3章における概念モデルは**図3-1**に示されるとおりである。

第4節　分　　析

　実験の概要

　第3節において提唱した**仮説1.1**と**仮説1.2**の経験的妥当性を検討するため
に，分析を行う[1]。第3章の分析は，Doh and Hwang（2009）などの先行研
究において採用されたリサーチデザインに準拠した。これらの先行研究は，
実験室実験を行い，消費者データを収集した。先行研究は，実験に際して，
複数のeクチコミを掲載したウェブページを作成し，被験者に作成したウェ
ブページを閲覧してもらった。そのうえで，質問項目に回答してもらうこと

によって，消費者データを収集した。第3章においても，消費者データを収集するために実験室実験を行う。

　第3章では，実験に際して，eクチコミの正負比率（10:0／8:2／6:4），およびクチコミ対象製品の種類（快楽財／実用財）を操作した，3×2種類，すなわち，全6種類のウェブページを作成した。先行研究で用いられた実験対象製品を踏まえて，第3章では，快楽財として，映画およびマンガを，実用財として，ポータブル・メディア・プレーヤーおよびデジタルカメラをそれぞれ用いた。仮想のウェブページは，いずれも，最上部に製品名が掲載され，その下に製品の写真が掲載されるというレイアウトに設定し，それらの下には10個のeクチコミを配置した。eクチコミの正負比率が10:0であるときには，1つのウェブページに10個の正のeクチコミを，8:2であるときには，8個の正のeクチコミと2個の負のeクチコミを，6:4であるときには，6個の正のeクチコミと4個の負のeクチコミを掲載した。なお，正のeクチコミと負のeクチコミの掲載順は，ランダムにした[1]。

　実験に参加した被験者は，大学生および大学院生276名であった。被験者には，作成した6種類のウェブページのうちランダムに1種類を閲覧してもらったうえで，「製品評価」に関する質問項目に回答してもらった。なお，「製品評価」とは，被験者がクチコミ対象製品に対してどの程度好意的であるかを意味する変数である。それと同時に，「ウェブページ上の正のeクチコミの知覚量」に関する質問項目にも回答してもらった。なお，「ウェブページ上の正のeクチコミの知覚量」とは，閲覧するウェブページ内に正のeクチコミが存在していると被験者が知覚する量を意味する変数である。

4.2　測定尺度

　「製品評価」については，Alpert and Kamins（1995）を参考に開発した5つの質問項目を用いた。「ウェブページ上の正のeクチコミの知覚量」については，独自に開発した5つの質問項目を用いた。これらの測定尺度は，7点リカート尺度（「1＝全くそう思わない」から「7＝非常にそう思う」）によって測定された。なお，調査に用いた質問項目は，**表3-1**に示されるとおりで

表3-1　研究1における構成概念と質問項目

構成概念・質問項目	α係数	CR	AVE
製品評価			
Y_1：この製品は良い。			
Y_2：この製品は好印象である。			
Y_3：この製品は良い感じである。	0.95	0.98	0.91
Y_4：この製品は楽しい。			
Y_5：この製品が好きだ。			
ウェブページ上の正のeクチコミの知覚量			
X_1：この製品についての負のクチコミの数は非常に少ない。			
X_2：この製品についての負のクチコミの数は多くはない。			
X_3：この製品についてのクチコミは正のクチコミが支配的だ。	0.96	0.98	0.94
X_4：この製品についての負のクチコミの数は極めて限定的だ。			
X_5：この製品についての負のクチコミの数は微々たるものだ。			

ある。

　尺度の信頼性を表わすクロンバックのα係数の値は，「製品評価」および「ウェブページ上の正のeクチコミの知覚量」について，それぞれ0.95および0.96であり，既存研究が推奨する0.70以上という基準値を満たしていた（Nunnally and Bernstein, 1994）。同様に，尺度の信頼性を表わす合成信頼性（CR）の値は，いずれも0.98であり，既存研究が推奨する0.60以上いう基準値を満たしていた（Bagozzi and Yi, 1988）。さらに，尺度の妥当性を示すための指標である平均分散抽出度（AVE）は，それぞれ0.91および0.94であり，既存研究が推奨する0.50以上という基準値を満たしていた（Bagozzi and Yi, 1988）。

4.3　マニピュレーション・チェック

　実験室実験において提示されたウェブページ上におけるeクチコミの正負比率に関して，被験者が回答したデータを用いて，まず，一元配置分散分析を行った。分析の結果，eクチコミの正負比率が10：0，8：2，および，6：4のときの，ウェブページ上の正のeクチコミの知覚量に関する平均値は，それぞれ，5.42（S.D.＝1.20），4.87（S.D.＝1.03），および，2.40（S.D.＝1.65）であった。さらに，TukeyのHSD法による多重比較分析を行った。分析の結果，

表3-2　研究1における分散分析の結果

モデルの全体的評価	$F =$ 79.56[a]
X₁(eクチコミの正負比率)	$F =$ 181.36[a]
X₂(クチコミ対象製品の種類)	$F =$ 1.08
X₁×X₂(eクチコミの正負比率とクチコミ対象製品の種類の交互効果)	$F =$ 17.00[a]

（注）[a]は1％水準で有意。

eクチコミの正負比率が10:0のときと8:2のときの間，および8:2のときと6:4のときの間には，5％水準で有意な差が認められた一方，10:0のときと6:4のときの間には，1％水準で有意な差が認められた。したがって，eクチコミの正負比率に関する操作は妥当に行われたと判断できるだろう。

4.4　分析結果

実験室実験で収集した消費者データを用いて，独立変数を，「eクチコミの正負比率」(10:0／8:2／6:4)，および「クチコミ対象製品の種類」(快楽財／実用財)の3×2に，従属変数を，「製品評価」の平均値[3]に設定したうえで，二元配置分散分析を行った。なお，Leveneの等分散検定を行った結果，各被験者グループの分散の間に有意差は認められなかった。この結果から，各グループの分布の正規性および分散の等質性という分散分析の要件に関して問題は見出されなかったと判断された。それゆえ，二元配置分散分析を行うことは妥当であるだろう。

従属変数として「製品評価」を設定した分散分析の結果，モデルの全体的評価および各要因の主効果，および2要因の交互効果に関するF値は，**表3-2**に示されるとおりであった。

「eクチコミの正負比率」および「クチコミ対象製品の種類」の主効果はそれぞれ有意であるということが示された（$F = 181.36$, $p < 0.01$; $F = 1.08$, $p > 0.10$）。さらに，2要因の交互効果は有意であるということが示された（$F = 17.00$, $p < 0.01$）。クチコミ対象製品とeクチコミの正負比率の交互効果は，**表3-3**および**図3-2**に示されるとおりであった。

クチコミ対象製品が映画である場合，eクチコミの正負比率が10:0，8:2，

表3-3 eクチコミの正負比率・クチコミ対象製品別の製品評価の平均値と標準偏差

				X_1（eクチコミの正負比率）		
				10:0	8:2	6:4
X_2（クチコミ 対象製品）	快楽財	映画	平均値 （標準偏差）	4.72 (1.04)	5.50 (0.81)	2.57 (1.31)
		マンガ	平均値 （標準偏差）	4.60 (1.05)	5.44 (0.90)	3.01 (1.00)
	実用財	デジタル カメラ	平均値 （標準偏差）	5.60 (0.77)	4.92 (0.64)	2.94 (0.94)
		ポータブル・メディア ・プレーヤー	平均値 （標準偏差）	5.64 (0.55)	4.71 (0.95)	2.84 (1.03)

図3-2 eクチコミの正負比率とクチコミ対象製品（快楽財／実用財）の交互効果

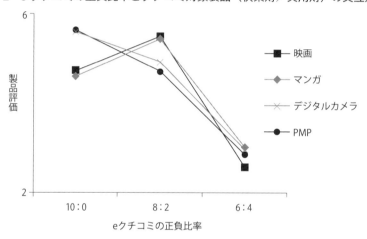

および，6:4のとき，「製品評価」の平均値はそれぞれ，4.72（S.D. = 1.04），
5.50（S.D. = 0.81），および，2.57（S.D. = 1.31）であった。Tukey の HSD
法による多重比較分析の結果，e クチコミの正負比率が10:0のときと8:2の
ときの間には，5 ％水準で有意な差が認められた一方，8:2のときと6:4のと
きの間，および，10:0のときと6:4のときの間には，1 ％水準で有意な差が
認められた。クチコミ対象製品がマンガである場合，e クチコミの正負比率
が10:0，8:2，および，6:4のとき，「製品評価」の平均値はそれぞれ，4.60
（S.D. = 1.05），5.44（S.D. = 0.90），および，3.01（S.D. = 1.00）であった。
Tukey の HSD 法による多重比較分析の結果，e クチコミの正負比率が10:0

のときと8:2のときの間には，5％水準で有意な差が認められた一方，8:2の
ときと6:4のときの間，および，10:0のときと6:4のときの間には，1％水準
で有意な差が認められた。したがって，クチコミ対象製品が快楽財である場
合，多数の正のeクチコミの中に一定の割合の負のeクチコミが存在すると
きの方が，負のeクチコミが全く存在しないときより，消費者の製品評価は
高い，という**仮説1.1**は支持された。

　クチコミ対象製品がデジタルカメラである場合，eクチコミの正負比率が
10:0，8:2，および，6:4のとき，「製品評価」の平均値はそれぞれ，5.60
（S.D. = 0.77），4.92（S.D. = 0.64），および，2.94（S.D. = 0.94）であった。
TukeyのHSD法による多重比較分析の結果，eクチコミの正負比率が10:0
のときと8:2のときの間には，5％水準で有意な差が認められた一方，8:2の
ときと6:4のときの間，および，10:0のときと6:4のときの間には，1％水準
で有意な差が認められた。クチコミ対象製品がポータブル・メディア・プレ
ーヤーである場合，eクチコミの正負比率が10:0，8:2，および，6:4のとき，
「製品評価」の平均値はそれぞれ，5.64（S.D. = 0.55），4.71（S.D. = 0.95），
および，2.84（S.D. = 1.03）であった。TukeyのHSD法による多重比較分
析の結果，eクチコミの正負比率が10:0のときと8:2のときの間には，5％
水準で有意な差が認められた一方，8:2のときと6:4のときの間，および，
10:0のときと6:4のときの間には，1％水準で有意な差が認められた。した
がって，クチコミ対象製品が実用財である場合，負のeクチコミが全く存在
しないときの方が，多数の正のeクチコミの中に一定の割合の負のeクチコ
ミが存在するときより，消費者の製品評価は高い，という**仮説1.2**は支持さ
れた。

4.5　考　　察

　第3章における分析の結果，クチコミ対象製品が快楽財である場合，多数
の正のeクチコミの中に一定の割合の負のeクチコミが存在するときの方が，
負のeクチコミが全く存在しないときより，消費者はその製品を高く評価す
るということが示された。そして，クチコミ対象製品が実用財である場合，

負のeクチコミが全く存在しないときの方が，多数の正のeクチコミの中に
一定の割合の負のeクチコミが存在するときより，消費者はその製品を高く
評価するということが示された。すなわち，正のeクチコミは消費者行動に
正の影響を与えるという既存研究の主張とは異なり，第3章では，1つのウ
ェブページ上に正のeクチコミしか存在しないときに，消費者はクチコミ対
象製品を高く評価しないことがあるということが示唆された。こうした結果
が得られたのは，クチコミ対象製品が快楽財である場合，消費者は，1つの
ウェブページ上に正のeクチコミしか存在しないことを，そのページには偏
った情報しか提供されていないということを意味すると解釈し，そのページ
に掲載されているeクチコミを，自身にとって最適な刺激であると見なさな
かったためであると考えられる。一方，1つのウェブページ上に一定の割合
の負のeクチコミが存在していれば，消費者はそのウェブページやeクチコ
ミを自身にとって最適な刺激であると見なして，クチコミ対象製品である快
楽財を好意的に評価したと考えられる。
　このことから，多数の正のeクチコミの中に存在する一定の割合の負のe
クチコミが消費者行動に正の影響を与える条件は，クチコミ対象製品の種類
が快楽財の場合であるということが示唆された。

第5節　研究1の総括

　先行研究は，消費者が1つのウェブページ上に存在する複数の正と負のe
クチコミに同時に露出する状況を想定したうえで，多数の正のeクチコミの
中に存在する一定の割合の負のeクチコミが消費者行動に正の影響を与える
という興味深い現象を報告した（Doh and Hwang, 2009）。しかしながら，そ
の研究では，多数の正のeクチコミの中に存在する一定の割合の負のeクチ

コミが消費者行動に好ましい帰結をもたらすという現象がいかなる条件のもとで生起するのかということについては検討されていなかった。

第3章では，そうした先行研究の課題に対応して，1つのウェブページ上における負のeクチコミの存在が消費者行動に正の影響を与える条件の識別を試みた。具体的には，快楽財と実用財というクチコミ対象製品の種類が，eクチコミの正負比率と消費者の製品評価の関係に対して，いかなる調整効果をもたらすのかを検討した。分析の結果，クチコミ対象製品が快楽財である場合，多数の正のeクチコミの中に一定の割合の負のeクチコミが存在するときの方が，負のeクチコミが全く存在しないときより，消費者はその製品を高く評価した一方，クチコミ対象製品が実用財である場合，負のeクチコミが全く存在しないときの方が，多数の正のeクチコミの中に一定の割合の負のeクチコミが存在するときより，消費者はその製品を高く評価した。したがって，多数の正のeクチコミの中に存在する一定の割合の負のeクチコミが消費者の製品評価に正の影響を与える条件は，クチコミ対象製品が快楽財の場合であると結論づけられた。第3章は，クチコミ対象製品が快楽財である場合の方が，実用財である場合より，一定の割合の負のeクチコミが存在するウェブページを閲覧した消費者はその製品をより高く評価するという新たな知見を提示し，1つのウェブページ上における負のeクチコミの存在が逆説的に正の影響を与える条件を識別することに成功したと考えられる。

［付記］　第3章は以下の既発表論文を再編・加筆・修正したものである。
菊盛真衣（2014）「負のeクチコミが消費者心理に与える逆説的な影響」『Nextcom』，第20巻，第2号，pp.24-33.（第5回 Nextcom 論文賞受賞論文）

(1) 分析に用いられたソフトウェアは，SAS Ver 9.3であった。
(2) ここでは，正のeクチコミと負のeクチコミの掲載順による影響を統制するために，eクチコミをランダムに掲載した。なお，負のeクチコミの掲載順がもたらす影響については，第6章および第7章で後述される。
(3) **表3-1**に示されるとおり，製品評価は5つの質問項目によって測定されたが，分析に際しては，これら5つの質問項目の平均値が用いられた。

第 4 章

研究 2：
負の e クチコミの正の影響が
生起する条件 II

消費者の専門性とクチコミ・メッセージの
訴求内容に着目して

第1節　問題意識

　第3章の研究1においては，製品特性として，快楽財と実用財というクチコミ対象製品の種類に焦点を合わせて，多数の正のeクチコミの中に存在する一定の割合の負のeクチコミが消費者行動に正の影響を与えるという現象が生起する条件の識別を試みた。しかしながら，eクチコミの正負比率と消費者の製品評価の関係を調整する変数は，快楽財／実用財というクチコミ対象製品の種類に限られないと考えられる。

　したがって，第4章は，第3章に続いて本書の**研究課題(1−i)**に焦点を合わせて，「負のeクチコミの存在が消費者の製品評価に正の影響を与える現象がいかなる条件のもとで生起するのか」を探究する。その際，第3章においては，製品特性として快楽財／実用財というクチコミ対象製品の種類を考慮に入れたのとは異なり，第4章においては，受信者特性として受信者である消費者の専門性，および情報特性として属性中心的クチコミ／便益中心的クチコミというクチコミ・メッセージの訴求内容の種類を考慮に入れる。具体的には，eクチコミを閲覧する消費者の専門性が高い場合と低い場合という消費者の専門性の違い，および，クチコミ・メッセージの訴求内容が，製品の属性に関して客観的に記述された属性中心的クチコミである場合と，製品を使用することで得られる便益に関して主観的に記述された便益中心的クチコミである場合というクチコミ・メッセージの訴求内容の種類に着目し，それらの条件の違いに伴って，1つのウェブページ上におけるeクチコミの正負比率が10:0，8:2，および，6:4のときに消費者の製品評価にいかなる差異がもたらされるのかを検討する。

第2節　既存研究レビュー

　Sussman and Siegal（2003）は，情報としてeメールを想定し，情報の受け手の専門性および関与の違いに伴って，メッセージの質および情報源の信憑性が情報の有用性を介して情報の採用に与える影響は異なるのか否かを検討した。ただし，メッセージの質とは，eメールにおける情報が，正確で矛盾がなく完全である度合いである。情報源の信憑性とは，eメールの送り手が知識豊富であり，専門的で信憑性が高い度合いである。情報の有用性とは，eメールにおける情報が，重要で有益である度合いである。情報の採用とは，eメールの受け手が，eメールにおける情報に従って行動する度合いである。受け手の専門性とは，eメールの受け手が，eメールにおける情報に関して知識を有しており，理解力がある度合いである。受け手の関与とは，eメールの受け手が，eメールにおける情報に対して関連性が高い度合いである。彼らは，技術受容モデルおよび精緻化見込みモデルを援用し，eメールを介したオンラインでのコミュニケーションにおける情報採用行動モデルを構築した。彼らが提唱したモデルは，**図4-1**に示されるとおりである。

　分析の結果，情報の有用性は，情報の採用に正の影響を及ぼしていた。そして，メッセージの質および情報源の信憑性は，情報の有用性に正の影響を及ぼしていた。さらに，情報の受け手の専門性が高い場合，メッセージの質の方が，情報源の信憑性より，情報の有用性に与える影響の度合いは大きく，また情報の受け手の専門性が低い場合，情報源の信憑性の方が，メッセージの質より，情報の有用性に与える影響の度合いは大きかった。すなわち，専門性の高い受け手は，メッセージの質を重視し，また専門性の低い受け手は，情報源の信憑性を重視するということが示唆された。同様に，受け手の関与の差異に伴って，メッセージの質および情報源の信憑性が情報の有用性に与える影響は異なっていた。すなわち，情報の受け手が高関与である場合，メ

図4-1 Sussman and Siegal（2003）のモデル

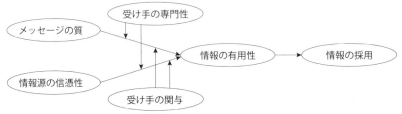

（出所）Sussman and Siegal（2003），p.53. 邦訳は，筆者による。

ッセージの質の方が，情報源の信憑性より，情報の有用性に与える影響の度
合いは大きく，また情報の受け手が低関与である場合，情報源の信憑性の方
が，メッセージの質より，情報の有用性に与える影響の度合いは大きかった。
これらの結果から，オンラインでのコミュニケーションにおいて，専門性の
高い消費者および高関与な消費者にとって，メッセージの質が中心的手がか
りとして強く作用する一方，専門性の低い消費者および低関与な消費者にと
って，情報源の信憑性が周辺的手がかりとして強く作用すると結論づけられ
た。

　消費者の特性およびクチコミ・メッセージの訴求内容の特性に着目した研
究として Park and Kim（2008）が挙げられる。彼らは，eクチコミを閲覧
する消費者の専門性およびクチコミ・メッセージの訴求内容の種類が，消費
者の購買意図に与える影響について検討した。彼らは，eクチコミを閲覧す
る消費者の専門性が情報処理に対する動機と能力によって決定されると想定
して，詳細な情報処理に対する動機および能力の両方を持つ消費者を専門家
（experts），能力と動機のどちらか一方を持つ消費者および両方とも持たな
い消費者を素人（novices）として分類した。また，Park and Kim は，クチ
コミ・メッセージを，クチコミ対象製品が持つ属性[1]に関して，製品の性能
情報などに基づいて，詳細に記述されている属性中心的クチコミ（attribute-
centric review）と，それぞれの属性がもたらす便益あるいは効用に関して，
書き手の経験に基づいて主観的に記述された便益中心的クチコミ（benefit-
centric review）とに分類した。

　仮説の設定に際し，Park and Kim（2008）は，認知適合理論と精緻化見

込みモデルを援用している。認知適合理論は，消費者が，より効率的で効果的な情報処理を行うために，自身の特性に適した手順を用いるということを示唆する理論である（Vessey and Galleta, 1991）。専門性の高い消費者は，外部からの情報を自身の経験や知識に基づいて検討し，その製品を評価することができる。そのため，製品の属性に関して記述された属性中心的クチコミの方が，その属性がもたらす効用に関して記述された便益中心的クチコミより，専門性の高い消費者には適している。一方，専門性の低い消費者は，自身で製品の属性に関する情報を検討することができない。よって，あらかじめ他者によって各属性に関する情報が検討，解釈され，その効用が述べられた便益中心的クチコミの方が，属性中心的クチコミより，専門性の低い消費者には適している（Walker, Celsi, and Olson, 1987）。

　精緻化見込みモデルは，消費者の外部刺激の処理プロセスには，中心的（認知的）ルートと周辺的（感情的）ルートがあるということを示唆する理論である（Petty and Cacioppo, 1986）。情報の精緻化に対する動機と能力の両方を持つ消費者の場合，中心的ルートを経て態度形成が行われるという。一方，情報の精緻化に対する動機と能力のどちらか一方，あるいは，両方を持たない消費者の場合，周辺的ルートを経て態度形成が行われるという。

　Park and Kim（2008）は，独立変数を，eクチコミを閲覧する消費者の専門性（高／低），クチコミ・メッセージの訴求内容の種類（属性中心的／便益中心的），および，eクチコミの数（4個／8個）の2×2×2に，従属変数を購買意図に設定し，三元配置分散分析を行った。なお，実験対象製品として，彼らは，ポータブル・メディア・プレーヤーを用いた。また，被験者に提示された4個あるいは8個のeクチコミにはすべて正のeクチコミが用いられた。

　分析の結果，eクチコミを閲覧する消費者の専門性が高い場合の方が，eクチコミを閲覧する消費者の専門性が低い場合より，クチコミ・メッセージの種類が購買意図に与える影響の度合いは大きかった。さらに，属性中心的クチコミが専門性の高い消費者の購買意図に与える影響の度合いの方が，専門性の低い消費者の購買意図に与える影響の度合いより大きかった。一方，便益中心的クチコミが専門性の低い消費者の購買意図に与える影響の度合い

の方が，専門性の高い消費者の購買意図に与える影響の度合いより大きかった。また，eクチコミの数が専門性の低い消費者の購買意図に与える影響の度合いの方が，専門性の高い消費者の購買意図に与える影響の度合いより大きかった。

　Zou, Yu, and Hao（2011）は，eクチコミを閲覧する消費者の専門性に着目して，正のeクチコミおよび負のeクチコミが消費者購買意思決定に与える影響を検討した。彼らは，独立変数を，eクチコミの正負の符号とeクチコミを閲覧する消費者の専門性（高／低）の2×2に，共変量を，クチコミ対象製品の種類，性別，および，オンラインでの購買経験に，従属変数を，クチコミ効果に設定して，二元配置共分散分析を行った。従属変数であるクチコミ効果は，購買意思決定においてeクチコミを参照しそうか，eクチコミが信頼できると思うか，および，eクチコミが自分の購買意思決定に大きく影響しそうか，といった質問項目によって測定された。なお，実験対象製品として，Zou, et al. は，USBフラッシュメモリと化粧水を，それぞれのブランド名を伏せて用いた[2]。被験者には6個のeクチコミを提示した。クチコミ・メッセージの訴求内容を統制するため，6個のeクチコミのうち3個は属性中心的クチコミ，残りの3個は便益中心的クチコミであった。そして，正のeクチコミの条件では，6個すべてが正のeクチコミである一方，負のeクチコミの条件では，6個すべてが負のeクチコミであった。

　分析の結果，eクチコミの正負の符号とeクチコミを閲覧する消費者の専門性との間には交互効果が見出された。すなわち，eクチコミを閲覧する消費者の専門性が低い場合の方が，eクチコミを閲覧する消費者の専門性が高い場合より，eクチコミの正負の符号がクチコミ効果に与える影響の度合いは大きかった。さらに，eクチコミを閲覧する消費者の専門性が低い場合，負のeクチコミの効果の方が，正のeクチコミの効果より大きかった。一方，eクチコミを閲覧する消費者の専門性が高い場合，負のeクチコミの効果の方が，正のeクチコミの効果より大きかったものの，両効果の間に有意な差は認められなかった。このことから，eクチコミの正負の符号が消費者行動に与える影響は，eクチコミを閲覧する消費者の専門性の差異に伴って異なると結論づけられた。しかしながら，Zou, et al. は，1つのウェブページ上

で消費者が正あるいは負のeクチコミのみを参照するような状況を想定して，eクチコミの正負の符号の影響を検討しているため，消費者が複数の正と負のeクチコミに同時に露出することができるというeクチコミに特有の特徴を考慮していないという課題を残している。

　そこで，第4章では，消費者が，1つのウェブページ上に掲載された複数の正と負のeクチコミに対して同時に露出する状況を想定したうえで，受信者である消費者の専門性が高い場合と低い場合という消費者の専門性の差異，および，属性中心的クチコミである場合と便益中心的クチコミである場合というクチコミ・メッセージの訴求内容の種類の差異に伴って，eクチコミの正負比率が消費者の製品評価に与える影響がどのように異なるのかを検討する。

第3節　仮説の提唱

　Park and Kim（2008）は，消費者の専門性を，情報処理に対する動機および能力によって分類した。すなわち，彼らは，情報処理に対する動機と能力の両方を持つ消費者を，専門性の高い消費者として見なす一方，情報処理に対する動機と能力のどちらか一方，あるいは，両方を持たない消費者を，専門性の低い消費者として見なした。しかしながら，第4章では，Park and Kim とは異なり，情報処理に対する動機の有無については捨象し，情報処理能力の有無によって，専門性が高い消費者と低い消費者を分類する。なぜなら，ウェブページ上のeクチコミを閲覧する消費者は，eクチコミの対象となる製品の情報を処理する動機をすでに持ち合わせていると考えられるためである。

　専門性の高い消費者は，便益中心的クチコミより属性中心的クチコミに説

得されやすく，それゆえ，属性中心的クチコミの影響力は大きい[3]（Park and Kim, 2008）。さらに，消費者の専門性が高い場合，正のeクチコミの影響の度合いと負のeクチコミの影響の度合いの間には有意な差異は存在しないということが見出されている（Zou, Yu, and Hao, 2011）。したがって，専門性の高い消費者の方が，専門性の低い消費者より，負のeクチコミによる負の影響を受けにくいと考えられる。また，専門性の高い消費者は，中心的手がかりであるメッセージの質を，情報源の信憑性より重視する（Sussman and Siegal, 2003）。Cheung, Lee, and Rabjohn（2008）によると，eクチコミにおけるメッセージの質を規定する要因として，最も大きな影響力を持つのは，情報の包括性である。彼らは，情報の包括性を，メッセージの中に含まれる情報が詳細で，広範にわたる内容を含んでいることであると定義している。Cheung, et al. の主張に基づけば，1つのウェブページ上に掲載された複数のeクチコミの中に，正のeクチコミだけでなく負のeクチコミも存在するときの方が，正のeクチコミしか存在しないときより，専門性の高い消費者は情報の包括性が高いと知覚し，そのページ上のメッセージの質も高いと知覚する。

　したがって，専門性の高い消費者が属性中心的クチコミを読む場合，1つのウェブページ上に多数の正のeクチコミの中に一定の割合の負のeクチコミが存在するときの方が，正のeクチコミしか存在しないときより，消費者は，そのページ上のメッセージの質が高いと知覚し，eクチコミを有用な情報であると見なす。1つのウェブページ上に一定の割合の負のeクチコミが存在するとしても，専門性の高い消費者は，負のeクチコミによる負の影響を受けにくく，そのページの大半を占める正のeクチコミの好ましい製品評価に従って，消費者はクチコミ対象製品に対する好ましい評価を下すと考えられる。すなわち，専門性の高い消費者が属性中心的クチコミを読む場合，1つのウェブページ上の多数の正のeクチコミの中に一定の割合の負のeクチコミが存在するときの方が，正のeクチコミしか存在しないときより，クチコミ対象製品に対する評価は好ましいだろう。以上の議論より，次の仮説を提唱する。

仮説2.1

専門性の高い消費者が属性中心的クチコミを読む場合，多数の正のeク
チコミの中に一定の割合の負のeクチコミが存在するときの方が，負の
クチコミが全く存在しないときより，その製品に対する評価は高い

一方，専門性の低い消費者は，属性中心的クチコミより便益中心的クチコ
ミに説得されやすく，それゆえ，便益中心的クチコミの影響力は大きい[4]
(Park and Kim, 2008)。さらに，消費者の専門性が低い場合，負のeクチコ
ミの影響の度合いの方が，正のeクチコミの影響の度合いより大きいという
ことが見出されている（Zou, Yu, and Hao, 2011）。すなわち，専門性の低い消
費者の方が，専門性の高い消費者より，負のeクチコミによる負の影響を受
けやすいと考えられる。また，専門性の低い消費者は，周辺的手がかりであ
る情報源の信憑性を，メッセージの質より重視する（Sussman and Siegal,
2003）。専門性の低い消費者は，情報処理に対する能力を持たないため，1
つのウェブページ上に掲載されている各eクチコミを詳細に検討せず，eク
チコミを掲載しているページが信頼できそうか，あるいは，eクチコミの書
き手が信頼できそうかといった周辺的な手がかりを用いて情報処理を行うだ
ろう。専門性の低い消費者は，製品に関する情報を詳細に検討せずに，文字
どおりに受け止める傾向にあるということも指摘されている（Walker, Celsi,
and Olson, 1987）。

したがって，専門性の低い消費者が便益中心的クチコミを読む場合，1つ
のウェブページ上に負のeクチコミが掲載されていると，その負のeクチコ
ミの内容を詳細に検討することなく，負のeクチコミにおける否定的な製品
評価に従い，専門性の低い消費者は，クチコミ対象製品に対して否定的な評
価を下しやすいと考えられる。すなわち，専門性の低い消費者が便益中心的
クチコミを読む場合，1つのウェブページ上に正のeクチコミしか存在しな
いときの方が，多数の正のeクチコミの中に一定の割合の負のeクチコミが
存在するときより，クチコミ対象製品に対する評価は好ましいだろう。以上
の議論より，次の仮説を提唱する。

図4-2　研究2の概念モデル

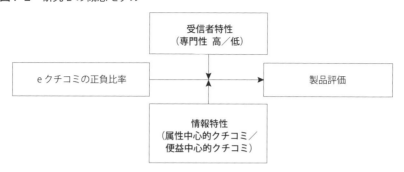

仮説2.2

専門性の低い消費者が便益中心的クチコミを読む場合，負のeクチコミ
が全く存在しないときの方が，多数の正のeクチコミの中に一定の割合
の負のeクチコミが存在するときより，その製品に対する評価は高い

また，第4章における概念モデルは，**図4-2**に示されるとおりである。

第4節　分　　析

4.1　実験の概要

第3節において提唱された**仮説2.1**と**仮説2.2**の経験的妥当性を検討するた
めに，分析を行う。第4章の分析は，第3章において採用されたリサーチデ
ザインに準拠した。すなわち，第4章も，第3章における研究1と同様に，
消費者データを収集するために実験室実験を行う。実験対象製品として，映
画[5]およびデジタルカメラを用いた。

実験に際して，eクチコミの正負比率（10:0／8:2／6:4），およびクチコミ・メッセージの訴求内容の種類（属性中心的／便益中心的）を操作した３×２種類，すなわち，全６種類のウェブページを作成した。ウェブページは，いずれも，最上部に製品名が掲載され，その下に製品の写真が掲載されるというレイアウトに設定し，それらの下には10個のeクチコミを配置した。eクチコミの正負比率が10:0であるときには，１つのウェブページに10個の正のeクチコミを，8:2であるときには，８個の正のeクチコミと２個の負のeクチコミを，6:4であるときには，６個の正のeクチコミと４個の負のeクチコミを掲載した[6]。なお，正のeクチコミと負のeクチコミの掲載順は，ランダムとした。

実験に参加してもらう被験者に対して，事前にクチコミ対象製品の専門性に関する調査を行った。被験者は，大学生および大学院生152名であった。被験者には，実験対象製品である映画とデジタルカメラの専門性に関する６つの質問項目に回答してもらった。事前の調査によって収集したデータを用いて，被験者を専門性の高い消費者と専門性の低い消費者に分類した。具体的には，６つの質問項目に対するの回答の合計得点が，全体の平均値より高い値であった被験者を専門性の高い消費者グループに，合計得点が全体の平均値より低い値であった被験者を専門性の低い消費者グループに割り当てた。映画の専門性に関する平均値は26.60であり，デジタルカメラの専門性に関する平均値は23.05であった。映画に関する専門性の高い消費者は78名，専門性の低い消費者は74名であった。デジタルカメラに関する専門性の高い消費者は72名，専門性の低い消費者は80名であった。

被験者には，作成した６種類のウェブページのうちランダムに１種類を閲覧してもらったうえで，「製品評価」に関する質問項目に回答してもらった。なお，「製品評価」とは，被験者がクチコミ対象製品に対してどの程度好意的であるかを意味する変数である。それと同時に，「専門性」と「ウェブページ上の正のeクチコミの知覚量」に関する質問項目にも回答してもらった。なお，「専門性」とは，クチコミ対象製品カテゴリーに関する情報を処理する能力をどの程度有しているかを意味する変数であり，「ウェブページ上の正のeクチコミの知覚量」とは，閲覧するウェブページ上に正のeクチコミ

が存在していると被験者が知覚する量を意味する変数である。

4.2　測定尺度

「製品評価」については，Alpert and Kamins（1995）を参考に開発した5つの質問項目を用いた。「専門性」については，Park and Kim（2008）によって開発された6つの質問項目を用いた。「ウェブページ上の正のeクチコミの知覚量」については，独自に開発した5つの質問項目を用いた。これらの質問項目は，7点リカート尺度（「1＝全くそう思わない」から「7＝非常にそう思う」）によって測定された。なお，調査に用いた質問項目は，**表4-1**に示されるとおりである。

　尺度の信頼性を表わすクロンバックのα係数の値は，「製品評価」，「専門性」，および，「ウェブページ上の正のeクチコミの知覚量」について，それぞれ0.95，0.93，および，0.96であり，既存研究が推奨する0.70以上という基準値を満たしていた（Nunnally and Bernstein, 1994）。同様に，尺度の信頼性を表わす合成信頼性（CR）の値は，それぞれ0.98，0.95，および，0.98であり，既存研究が推奨する0.60以上という基準値を満たしていた（Bagozzi and Yi, 1988）。さらに，尺度の妥当性を示すための指標である平均分散抽出度（AVE）は，それぞれ0.91，0.89，および，0.94であり，既存研究が推奨する0.50以上という基準値を満たしていた（Bagozzi and Yi, 1988）。

4.3　マニピュレーション・チェック

　実験室実験において提示されたウェブページ上のeクチコミの正負比率に関して，被験者が回答したデータを用いて，まず一元配置分散分析を行った。分析の結果，eクチコミの正負比率が10:0，8:2，および，6:4のときの，ウェブページ上の正のeクチコミの知覚量に関する平均値は，それぞれ，5.42（S.D.＝1.20），4.87（S.D.＝1.03），および，2.40（S.D.＝1.65）であった。さらに，TukeyのHSD法による多重比較分析を行った。分析の結果，eクチコミの正負比率が10:0のときと8:2のときの間には，5％水準で有意な差が

表4-1　研究2における構成概念と質問項目

構成概念・質問項目	α係数	CR	AVE
製品評価			
Y_1：この製品は良い。			
Y_2：この製品は好印象である。			
Y_3：この製品は良い感じである。	0.95	0.98	0.91
Y_4：この製品は楽しい。			
Y_5：この製品が好きだ。			
専門性			
X_1：この製品について知ることは楽しい。			
X_2：この製品を買う前に，最新の情報を探索する。			
X_3：この製品に関する最新の情報を常にチェックしている。			
X_4：この製品に関する知識が豊富だと思う。	0.93	0.95	0.89
X_5：この製品に関する自分の知識は，他の製品の情報を理解する のに役立つ。			
X_6：この製品の宣伝文句が実際に本当かどうかを確かめるために， 自分の知識を使う。			
ウェブページ上の正のeクチコミの知覚量			
X_7：この製品についての負のクチコミの数は非常に少ない。			
X_8：この製品についての負のクチコミの数は多くはない。			
X_9：この製品についてのクチコミは正のクチコミが支配的だ。	0.96	0.98	0.94
X_{10}：この製品についての負のクチコミの数は極めて限定的だ。			
X_{11}：この製品についての負のクチコミの数は微々たるものだ。			

認められた一方，8:2のときと6:4のとき，および，10:0のときと6:4の
ときの間には，1％水準で有意な差が認められた。したがって，eクチコミ
の正負比率に関する操作は妥当に行われたと判断できるだろう。

　次に，実験対象製品の専門性に関して，被験者が回答したデータを用いて，
t検定を行った。分析の結果，映画の専門性が高い消費者の場合，および専
門性が低い消費者の場合における専門性に関する平均値は，それぞれ4.92
（S.D. = 0.76）および2.43（S.D. = 1.33）であり，両者の間には，1％水準で
有意な差が認められた（$t = 9.28, p < 0.01$）。また，デジタルカメラの専門性
が高い消費者の場合，および専門性が低い消費者の場合における専門性に関
する平均値は，それぞれ4.13（S.D. = 0.81）および2.23（S.D. = 1.21）であり，
両者の間には，1％水準で有意な差が認められた（$t = 8.51, p < 0.01$）。した
がって，専門性に関する被験者の分類は妥当に行われたと判断できるだろう。

4.4 分析結果

　実験室実験で収集した消費者データを用いて，独立変数を，「e クチコミ
の正負比率」（10:0／8:2／6:4），「クチコミを閲覧する消費者の専門性」（高
／低），および，「クチコミ・メッセージの訴求内容の種類」（属性中心的／便
益中心的）の 3 × 2 × 2 に，従属変数を，「製品評価」に設定したうえで，
三元配置分散分析を行った。なお，Levene の等分散検定を行った結果，水
準間の分散に有意差は認められなかった。この結果から，各グループの分布
の分散の等質性という分散分析の要因に関して問題は見出されなかったと判
断された。それゆえ，三元配置分散分析を行うことは妥当であるだろう。

　従属変数として「製品評価」を設定した分散分析の結果，モデル全体，各
要因の主効果，および 3 要因の交互効果に関する F 値は，**表4-2**に示される
とおりであった。

　「e クチコミの正負比率」の主効果は有意であった一方（$F = 171.63$,
$p < 0.01$），「クチコミを閲覧する消費者の専門性」，および，「クチコミ・メ
ッセージの訴求内容の種類」の主効果はいずれも非有意だった（$F = 0.05$,
$p > 0.10$; $F = 0.70$, $p > 0.10$）。さらに，3 要因の交互効果は有意であるという
ことが示された（$F = 17.00$, $p < 0.01$）。「e クチコミの正負比率」，「消費者の
専門性」，および，「クチコミ・メッセージの訴求内容の種類」の交互効果は，
表4-3および**図4-3**に示されるとおりであった。

　専門性の高い消費者が属性中心的クチコミを読む場合，e クチコミの正負
比率が10:0，8:2，および，6:4のとき，「製品評価」の平均値はそれぞれ，
4.99（S.D. = 0.82），5.71（S.D. = 0.68），および，2.42（S.D. = 1.15）であった。
Tukey の HSD 法による多重比較分析の結果，e クチコミの正負比率が10:0
のときと8:2のときの間には，5 ％水準で有意な差が認められた一方，8:2の
ときと6:4のときの間，および，10:0のときと6:4のときの間には，1 ％水準
で有意な差が認められた。専門性の高い消費者が便益中心的クチコミを読む
場合，e クチコミの正負比率が10:0，8:2，および，6:4のとき，「製品評価」
の平均値はそれぞれ，4.85（S.D. = 1.00），4.99（S.D. = 0.78），および，2.85

表4-2　研究 2 における分散分析の結果

モデルの全体的評価	$F = 33.47^a$
X_1（eクチコミの正負比率）	$F = 171.63^a$
X_2（eクチコミを閲覧する消費者の専門性）	$F = 0.05$
X_3（クチコミ・メッセージの訴求内容の種類）	$F = 0.70$
$X_1 \times X_2 \times X_3$（eクチコミの正負比率，eクチコミを閲覧する消費者の専門性，および，クチコミ・メッセージの訴求内容の種類の交互効果）	$F = 17.00^a$

（注）^{a} は 1 ％水準で有意。

表4-3　eクチコミの正負比率・消費者の専門性・クチコミ・メッセージの訴求内容別の製品評価の平均値と標準偏差

X_2（消費者の専門性）	X_3（クチコミ・メッセージの訴求内容の種類）		X_1（eクチコミの正負比率）		
			10：0	8：2	6：4
高	属性中心的	平均値（標準偏差）	4.99 (0.82)	5.71 (0.68)	2.42 (1.15)
低	属性中心的	平均値（標準偏差）	5.14 (1.03)	4.84 (0.97)	3.09 (1.00)
高	便益中心的	平均値（標準偏差）	4.85 (1.00)	4.99 (0.78)	2.85 (1.21)
低	便益中心的	平均値（標準偏差）	5.56 (1.03)	4.97 (0.86)	2.94 (0.86)

図4-3　eクチコミの正負比率・消費者の専門性・クチコミ・メッセージの訴求内容の種類の交互効果

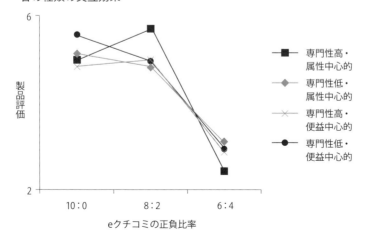

（S.D. = 1.21）であった。Tukey の HSD 法による多重比較分析の結果，e ク
チコミの正負比率が10:0のときと8:2のときの間には，有意な差が認められ
なかったものの，8:2のときと6:4のときの間および10:0のときと6:4のとき
の間には，1 ％水準で有意な差が認められた。したがって，専門性の高い消
費者が属性中心的クチコミを読む場合，多数の正のe クチコミの中に一定の
割合の負のe クチコミが存在するときの方が，負のe クチコミが全く存在し
ないときより，その製品に対する評価は高い，という**仮説2.1**は支持された。

　また，専門性の低い消費者が，属性中心的クチコミを読む場合，e クチコ
ミの正負比率が10:0，8:2，および，6:4のとき，「製品評価」の平均値はそ
れぞれ，5.14（S.D. = 1.03），4.84（S.D. = 0.97），および，3.09（S.D. = 1.00）
であった。Tukey の HSD 法による多重比較分析の結果，e クチコミの正負
比率が10:0のときと8:2のときの間には，有意な差が認められなかったもの
の，8:2のときと6:4のときの間および10:0のときと6:4のときの間には，1
％水準で有意な差が認められた。専門性の低い消費者が，便益中心的クチコ
ミを読む場合，e クチコミの正負比率が10:0，8:2，および，6:4のとき，「製
品評価」の平均値はそれぞれ，5.56（S.D. = 1.03），4.97（S.D. = 0.86），およ
び，2.94（S.D. = 0.86）であった。Tukey の HSD 法による多重比較分析の
結果，e クチコミの正負比率が10:0のときと8:2のときの間には，5 ％水準
で有意な差が認められた一方，8:2のときと6:4のときの間，および，10:0の
ときと6:4のときの間には，1 ％水準で有意な差が認められた。したがって，
専門性の低い消費者が便益中心的クチコミを読む場合，負のe クチコミが全
く存在しないときの方が，多数の正のe クチコミの中に一定の割合の負のe
クチコミが存在するときより，その製品に対する評価は高い，という**仮説
2.2**は支持された。

4.5　考　　察

　第 4 章における分析の結果，消費者の専門性が高く，クチコミ・メッセー
ジの訴求内容が属性中心的である場合，多数の正のe クチコミの中に一定の
割合の負のe クチコミが存在するときの方が，負のe クチコミが全く存在し

ないときより，消費者はクチコミ対象製品を高く評価するということが示された。このことから，多数の正のeクチコミの中に存在する一定の割合の負のeクチコミが消費者行動に正の影響を与えるもう1つの条件は，専門性の高い消費者が属性中心的クチコミを読む場合であるということが示唆された。また，消費者の専門性が低く，クチコミ・メッセージの訴求内容が便益中心的である場合，負のeクチコミが全く存在しないときの方が，多数の正のeクチコミの中に一定の割合の負のeクチコミが存在するときより，消費者はクチコミ対象製品を高く評価するということが示された。すなわち，専門性の高い消費者が属性中心的クチコミを読む場合の方が，専門性の低い消費者が便益中心的クチコミを読む場合より，1つのウェブページ上に正のeクチコミしか存在しないときに，消費者はクチコミ対象製品をより低く評価するということが示唆された。こうした結果が得られたのは，専門性の高い消費者は，1つのウェブページ上に正の属性中心的クチコミしか存在しないことを，そのページでは偏った情報しか提供されていないと認識し，そのページに存在するeクチコミを低品質な情報であると見なしたためであると考えられる。専門性の高い消費者は，そのウェブページやeクチコミを低品質な情報であると見なしたことによって，そうした情報に対して不信感を抱き，クチコミ対象製品に対して感じる不安や不確実性を製品評価に反映させたと考えられる。

第5節 研究2の総括

第3章においては，eクチコミの正負比率と消費者の製品評価の関係に対する快楽財と実用財というクチコミ対象製品の種類の調整効果を分析した。その結果，多数の正のeクチコミの中に存在する一定の割合の負のeクチコ

ミが消費者の製品評価に逆説的に正の影響を与える条件が，クチコミ対象製品が快楽財である場合であるということを見出した。第4章では，第3章の議論を踏まえたうえで，多数の正のeクチコミの中に存在する一定の割合の負のeクチコミが正の影響を与えるさらなる条件を探究した。その際，受信者である消費者の専門性を受信者特性として，クチコミ・メッセージの訴求内容の種類を情報特性として考慮に入れ，それらの特性がeクチコミの正負比率と消費者の製品評価の関係に対していかなる調整効果をもたらすのかを検討した。

　分析の結果，専門性の高い消費者が属性中心的クチコミを読む場合に，多数の正のeクチコミの中に一定の割合の負のeクチコミが存在するときの方が，負のeクチコミが全く存在しないときより，クチコミ対象製品に対する評価は高かった。一方で，専門性の低い消費者が便益中心的クチコミを読む場合には，負のeクチコミが全く存在しないときの方が，多数の正のeクチコミの中に一定の割合の負のeクチコミが存在するときより，クチコミ対象製品に対する評価は高かった。したがって，多数の正のeクチコミの中に存在する一定の割合の負のeクチコミが消費者の製品評価に正の影響を与える条件は，クチコミ対象製品が快楽財である場合だけでなく，専門性の高い消費者が属性中心的クチコミを読む場合もあると結論づけられた。第4章は，専門性の高い消費者が属性中心的クチコミを読む場合に，一定の割合の負のeクチコミが存在するウェブページを閲覧した消費者がその製品を高く評価するという新たな知見を提示することによって，1つのウェブページ上における負のeクチコミの存在が逆説的に正の影響を与えるさらなる条件を識別することに成功したと考えられる。

　［付記］　第4章は以下の既発表論文を再編・加筆・修正したものである。
菊盛真衣（2014）「負のeクチコミが消費者心理に与える逆説的な影響」『Nextcom』，
第20巻，第2号，pp.24-33.（第5回 Nextcom 論文賞受賞論文）

(1) ここでの属性とは，製品の物理的あるいは客観的な特性，特徴を指す。中西（1984）によれば，製品の客観的ないし物理的特性とは，製品の組成や構造，機能

に関して客観的に測定可能な特性である．例えば，デジタルカメラであれば，画素数や重量などが挙げられる．

(2) 実験対象製品のブランド名を伏せ，架空のブランド名を用いることによって，当該ブランドに対する消費者の態度を統制することができると考えられる．

(3) したがって，第4章においては，専門性の高い消費者が便益中心的クチコミを読む場合については検討しない．

(4) したがって，第4章においては，専門性の低い消費者が属性中心的クチコミを読む場合については検討しない．

(5) 実験で使用した映画は，被験者がそれほど認知しておらず，事前の態度を形成していない作品を使用するために予備調査（n＝39）を行って選択した．その結果として，「ミツバチのささやき」（1973年制作，1985年日本上映）というスペイン画を用いた．

(6) 実験で使用したデジタルカメラの正の属性中心的クチコミとして，例えば「115万色という液晶画面の画質の高さ，本体が19.1mm という薄型ボディという条件を見ると満足です」というメッセージを，負の属性中心的クチコミとして，例えば「液晶画面は115万色とあるが，他社と比べるとさほど高画質とは言えない．売りの19.1mm の薄さも実際に持ってみると重く感じるから良くはないでしょう。」というメッセージを用いた．デジタルカメラの正の便益中心的クチコミとして，例えば「液晶の鮮やかさの進化に驚きました．撮影するときも持ちやすくて，便利な感じがするので，おすすめです。」というメッセージを，負の便益中心的クチコミとして，例えば「タッチパネルの液晶は画面がフニャフニャして反応がイマイチで，本体が薄いせいか持つときの不安定さで手ブレしやすくてガッカリです。」というメッセージを用いた．

第 **5** 章

研究3：
負のeクチコミの正の影響が
生起する条件Ⅲ
プラットフォームの種類に着目して

第 1 節　問題意識

　第 3 章の研究 1 は，製品特性として快楽財と実用財というクチコミ対象製品の種類に焦点を合わせて，そして，第 4 章の研究 2 は，受信者特性として受信者である消費者の専門性と情報特性としてクチコミ・メッセージの訴求内容の種類に焦点を合わせて，多数の正の e クチコミの中に存在する一定の割合の負の e クチコミが消費者行動に正の影響を与えるという現象が生起する条件の識別を試みた。しかしながら，e クチコミの正負比率と消費者の製品評価の関係を調整する変数は，クチコミ対象製品の種類，受信者である消費者の専門性，およびクチコミ・メッセージの訴求内容の種類だけであるとは限らないと考えられる。

　したがって，第 5 章は，前章までの研究に続いて，本書の**研究課題（1－i）**に焦点を合わせて，「負の e クチコミの存在が消費者の製品評価に正の影響を与える現象がいかなる条件のもとで生起するのか」を探究する。その際，前章までにおいては，製品特性として快楽財と実用財というクチコミ対象製品の種類，受信者特性として受信者である消費者の専門性，および情報特性としてクチコミ・メッセージの訴求内容の種類を考慮に入れたのとは異なり，第 5 章においては，環境特性としてマーケター作成型プラットフォームと非マーケター作成型プラットフォームというクチコミ・プラットフォーム[1]の種類を考慮に入れる。消費者は，クチコミ・メッセージの信頼性を判断し，メッセージを自身の製品評価に役立てようとする際の手がかりとして，クチコミ・プラットフォームを用いているという（Cheung and Thadani, 2012; Senecal and Nantel, 2004）。それゆえ，e クチコミの正負比率と消費者の製品評価の関係を調整する変数として，クチコミ・プラットフォームの種類を考慮に入れる必要性は高いと判断される。

　具体的に，第 5 章は，1 つのウェブページ上における正の e クチコミと負

のeクチコミの比率が10:0，8:2，および，6:4のとき，ウェブサイトがマーケター作成型であるか，あるいは，非マーケター作成型であるかというクチコミ・プラットフォームの種類の差異に伴って，消費者の製品評価がどのように異なるのかを検討する。

第2節　既存研究レビュー

　クチコミ・プラットフォームは，マーケター作成型プラットフォームと非マーケター作成型プラットフォームに分類できる。ウェブサイトを作成・所有する人あるいは組織は，そのウェブサイト上に掲載される情報を制御することが可能であるため，自身にとって都合の良いように情報を追加したり，消去したりすることができる（Lee and Youn, 2009）。特に，マーケターは，より高い売上を生み出すために，プラットフォーム上に掲載するクチコミを自身にとって都合の良いように操作する動機があると，消費者は見なしている（Gu, Park, and Konana, 2012）。したがって，ウェブサイトの作成・所有者がマーケターであるか，あるいは，非マーケターであるかということは，サイトを閲覧する消費者にとって重要だろう。なぜなら，ある製品を推奨するために別の消費者が発信した正のeクチコミが，マーケター作成型プラットフォームに掲載されていたならば，サイトを閲覧する消費者は，そのeクチコミが製品の販売を促進するために投稿されたのではないかという疑念を抱きやすくなるからである（Schindler and Bickart, 2005; Senecal and Nantel, 2004; Xue and Phelps, 2004）。

　このような議論の背景に，帰属理論における割引原理がある（Kelley, 1973）。割引原理によると，ある刺激に露出した人が発信したメッセージに対して，そのメッセージの受信者が，メッセージが発信された原因は，その刺激と無

関係ではないかという疑念を抱くと，そのメッセージの重要性を割り引くという。すなわち，メッセージの発信者が，刺激とは無関係な要因によってそのメッセージを発信したと見なしたとき，受信者は刺激自体を否定的に評価する，あるいは，ほとんど考慮せずに，そのメッセージに説得されにくくなるということである。

　マーケター作成型プラットフォームの代表例として，メーカーの自社ウェブサイトが挙げられるだろう。例えば，ある製品に関する正のeクチコミが，企業の自社ウェブサイトに投稿されているとき，そのeクチコミの発信者は，マーケターから受け取った内密な報酬と引き換えにeクチコミを投稿しているのではないかと，受信者は疑念を抱くかもしれない（Xue and Phelps, 2004）。そのような場合，eクチコミの発信者がeクチコミを発信したのは，その製品に関する正直な感想を述べようとしているのではなく，マーケターから報酬を受け取ったためであると受信者は見なして，そのeクチコミには説得されなくなってしまうと考えられる。

　一方，非マーケター作成型プラットフォームの代表例として，第三者が運営するクチコミサイトが挙げられるだろう。第三者運営のクチコミサイトの目的は，通常，他の消費者の製品に関する経験を共有するためのプラットフォームを提供することであり，消費者が十分に情報を取得したうえで購買意思決定を行えるように援助することを目指している。例えば，ある製品に関する正のeクチコミが，第三者運営のクチコミサイトに投稿されているとき，そのeクチコミの発信者は，マーケターから受け取った内密な報酬と引き換えにeクチコミを投稿していると，受信者は見なしにくく，そのeクチコミに対して疑念を抱きにくいだろう。そのような場合，eクチコミの発信者は，その製品に関する正直な感想を述べていると受信者は見なして，そのeクチコミに説得されやすくなると考えられる。それゆえ，第三者運営のクチコミサイトに投稿されたeクチコミの方が，企業の自社ウェブサイトに投稿されたeクチコミより，受信者に対して説得的だろう。

　マーケター作成型プラットフォームと非マーケター作成型プラットフォームが消費者の情報処理に与える影響を比較検討した研究は，希少である（Bickart and Schindler, 2001; Lee and Youn, 2009）。Bickart and Schindler

（2001）は，クチコミ・プラットフォームの種類が消費者の製品に関する情報への関心に与える影響を検討した。その結果，非マーケター作成型プラットフォームにおいてある製品に関する情報を収集した消費者は，マーケター作成型プラットフォームにおいて情報を収集した消費者より，その後，その製品に関する情報に関心を抱きやすくなるということが見出された。また，Lee and Youn（2009）は，クチコミ・プラットフォームの種類とeクチコミの正負の符号が消費者の製品評価に与える影響を検討した。彼らは，マーケター作成型プラットフォームとしてブランドサイトを，非マーケター作成型プラットフォームとして第三者運営のクチコミサイトおよび個人ブログを取り扱った。分析の結果，eクチコミが掲載されているのが，非マーケター作成型プラットフォームである場合の方が，マーケター作成型プラットフォームである場合より，正のeクチコミの影響の度合いは大きい一方，負のeクチコミの影響の度合いについては両者の場合の間で差はないということが見出された。

　しかしながら，Lee and Youn は，消費者は，1つのウェブページ上に掲載された正のeクチコミあるいは負のeクチコミのどちらか一方にしか露出しないという対面クチコミと同様の状況を想定しており，1つのウェブページ上に存在する複数の正と負のeクチコミに同時に露出することができるというeクチコミに特有の特徴を考慮していない。そこで第5章では，消費者が1つのウェブページ上に存在する複数の正と負のeクチコミに同時に露出する状況を想定したうえで，クチコミ・プラットフォームの種類がマーケター作成型である場合と非マーケター作成型である場合の間で，eクチコミの正負比率が消費者の製品評価に与える影響がどのように異なるのかを検討する。

第3節　仮説の提唱

　マーケター作成型プラットフォーム上に正のeクチコミが掲載されている
とき，受信者である消費者はそのeクチコミに対して疑念を抱きやすいとい
う（Xue and Phelps, 2004）。なぜなら，マーケター作成型プラットフォーム
上のeクチコミは，マーケターから報酬を受け取り，正のeクチコミを発信
するように動機づけられた発信者が投稿している可能性が高いと，受信者で
ある消費者が見なしているためである。帰属理論における割引原理に依拠す
ると，受信者である消費者は，マーケター作成型プラットフォーム上の正の
eクチコミが製品とは無関係な要因，すなわちマーケターから受け取った報
酬によって発信されたと見なして，そのクチコミ対象製品のことを否定的に
評価すると考えられる。

　したがって，クチコミ・プラットフォームの種類がマーケター作成型であ
る場合，そのプラットフォームにおける1つのウェブページ上において正の
eクチコミしか存在しないとき，消費者は，それらの正のeクチコミに対し
て強い疑念を抱き，その疑念を反映させて，クチコミ対象製品を否定的に評
価する。しかしながら，マーケター作成型プラットフォームにおける1つの
ウェブページ上において，多数の正のeクチコミの中に一定の割合の負のe
クチコミが存在するときには，受信者である消費者は，その一定の割合の負
のeクチコミは，マーケターから報酬を受け取った発信者によって投稿され
ている可能性は低いと見なすと考えられる。そのため，消費者は，多数の正
のeクチコミの中に一定の割合の負のeクチコミが存在するときの方が，正
のeクチコミしか存在しないときより，そのウェブページ上のeクチコミに
対して疑念を抱きにくく，それゆえ，クチコミ対象製品を好意的に評価しよ
うとするだろう。したがって，以下の仮説を提唱する。

仮説3.1

クチコミ・プラットフォームの種類がマーケター作成型である場合，多数の正のeクチコミの中に一定の割合の負のeクチコミが存在するときの方が，負のeクチコミが全く存在しないときより，消費者の製品評価は高い

　一方，非マーケター作成型プラットフォーム上に正のeクチコミが投稿されているとき，受信者である消費者はそのeクチコミに対して疑念を抱きにくいという（Bickart and Schindler, 2001; Xue and Phelps, 2004）。すなわち，受信者である消費者は，そのプラットフォーム上の正のeクチコミを信頼できるメッセージであると判断して，そのクチコミ・メッセージを製品評価に用いようとすると考えられる。

　したがって，クチコミ・プラットフォームの種類が非マーケター作成型である場合，そのプラットフォームにおける1つのウェブページ上に正のeクチコミしか存在しないとき，消費者は，そのページ上に存在する正のeクチコミに従って，クチコミ対象製品に対して高い評価を下しやすい。さらに，非マーケター作成型プラットフォームにおける1つのウェブページ上において，多数の正のeクチコミの中に一定の割合の負のeクチコミが存在するとき，消費者は，その一定の割合の負のeクチコミの負の影響を受けて，クチコミ対象製品に対する評価を低下させると考えられる。そのため，クチコミ・プラットフォームの種類が非マーケター作成型である場合，1つのウェブページ上に正のeクチコミしか存在しないときの方が，多数の正のeクチコミの中に一定の割合の負のeクチコミが存在するときより，クチコミ対象製品を好意的に評価するだろう。したがって，次の仮説を提唱する。

仮説3.2

クチコミ・プラットフォームの種類が非マーケター作成型である場合，負のeクチコミが全く存在しないときの方が，多数の正のeクチコミの中に一定の割合の負のeクチコミが存在するときより，消費者の製品評価は高い

図5-1　研究3の概念モデル

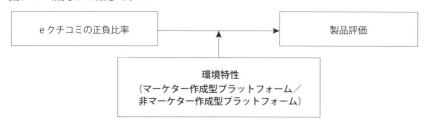

また，第5章における概念モデルは，**図5-1**に示されるとおりである。

第4節　分　　析

---

④ 4.1　実験の概要

　第3節において提唱した**仮説3.1**と**仮説3.2**の経験的妥当性を検討するために，分析を行う。第5章の分析は，Lee and Youn（2009）において採用されたリサーチデザインに準拠した。既存研究は，実験室実験を行い，消費者データを収集した。実験に際して，仮想のウェブサイト[2]を作成し，被験者には作成したウェブサイト内のeクチコミが集約されているウェブページを閲覧してもらった。そのうえで，質問項目に回答してもらうことによって，消費者データを収集した。第5章においても，消費者データを収集するために実験室実験を行う。実験対象製品として，仮想のブランド名を冠した英会話学習用ソフトウェアを用いた。英会話学習用ソフトウェアを用いた理由としては，本実験の被験者である大学生と関連した製品であること，および，製品を購買する際に事前に情報収集を行う可能性が高い製品であることが挙げられる。

実験に際して，eクチコミの正負比率（10:0／8:2／6:4）とクチコミ・プラットフォームの種類（マーケター作成型プラットフォーム／非マーケター作成型プラットフォーム）を操作した3×2種類，すなわち，全6種類のウェブページを作成した。実験用のウェブページには，いずれも，左角にサイト名の表示，左上部に製品写真，右上部に製品ブランド名と簡単な製品説明が掲載されるというレイアウトに設定し，それらの下には10個のeクチコミを配置した。eクチコミの正負比率が10:0であるときには，1つのウェブページに10個の正のeクチコミを，8:2であるときには，8個の正のeクチコミと2個の負のeクチコミを，6:4であるときには，6個の正のeクチコミと4個の負のeクチコミを掲載した[3]。なお，正のeクチコミと負のeクチコミの掲載順は，ランダムとした。

　クチコミ・プラットフォームの種類を操作するために，サイト名とeクチコミを読むためのナビゲーションをそれぞれ2通りに設定した。すなわち，サイト名として，マーケター作成型プラットフォームにおいては「株式会社Junglo」を，非マーケター作成型プラットフォームにおいては「みんなのクチコミュニティ」を表示した。また，クチコミを読むためのナビゲーションとして，マーケター作成型プラットフォームにおいては「お客様の声を読む」を，非マーケター作成型プラットフォームにおいては「みんなのクチコミを読む」を表示した。

　eクチコミの正負比率，およびクチコミ・プラットフォームの種類の操作が妥当であるかを検討するために，事前に予備調査を行った。まず，eクチコミの正負比率に関する予備調査における回答者は，大学生68名だった。回答者は，3通りのeクチコミの正負比率（10:0／8:2／6:4）が設定されたウェブページのうちの1種類が提示されるように，無作為に割り当てられた。そして，提示された10個のeクチコミを閲覧した後に，そのeクチコミの中に正のeクチコミがどれくらい存在すると知覚したのかを，7点リカート尺度で回答した。回答データの平均値を用いて，一元配置分散分析を行った。

　分析の結果，eクチコミの正負比率が10:0，8:2，および6:4のときにおける，正のeクチコミの知覚量の平均値は，それぞれ，6.41（S.D. = 1.33），4.73（S.D. = 1.40），および2.36（S.D. = 0.95）であった（$F = 61.20, p < 0.01$）。

Tukey の HSD 法による多重比較分析の結果，eクチコミの正負比率が10:0のときと8:2のときの間，8:2のときと6:4のときの間，および，10:0のときと6:4のときの間には，いずれも１％水準で有意な差が認められた。この結果から，本書におけるeクチコミの正負比率の操作は妥当であったと見なせるだろう。

　続いて，クチコミ・プラットフォームの種類に関する予備調査における回答者は，大学生34名であった。回答者は，２種類の仮想のウェブサイト（マーケター作成型プラットフォーム／非マーケター作成型プラットフォーム）のどちらか一方を提示されるように，無作為に割り当てられた。そして，提示されたウェブサイトを閲覧した後に，そのウェブサイトがマーケターによって運営されていると知覚する程度を，７点リカート尺度で回答した。回答データの平均値を用いて，t検定を行った。分析の結果，マーケター作成型プラットフォームとして設定されたメーカーの自社ウェブサイトと，非マーケター作成型プラットフォームとして設定された第三者運営のクチコミサイトに対して，被験者が知覚したクチコミ・プラットフォームの種類の平均値は，それぞれ4.78（S.D. = 1.87）と3.23（S.D. = 1.86）であり，両者の間には１％水準で有意な差が認められた（$t = 3.40, p < 0.01$）。この結果から，本書におけるクチコミ・プラットフォームの操作は妥当であったと見なせるだろう。

　実験に参加した被験者は，大学生167名であった。被験者には，作成した６種類の仮想のウェブサイトのうち，無作為に割り当てられた１種類のサイトを閲覧してもらった。そして，ウェブサイト上に掲載された英会話学習用ソフトウェアに関するeクチコミを読んだ後，調査票に回答してもらった。調査票は，従属変数を測定するための「クチコミ対象製品への態度」と「購買意図」に関する質問項目，およびマニピュレーション・チェックを行うための「クチコミ・プラットフォームの種類」と「ウェブページ上の正のeクチコミの知覚量」に関する質問項目から構成された。なお，「クチコミ対象製品への態度」とは，被験者がクチコミ対象製品に対して好意的である程度を意味する変数であり，「購買意図」とは，被験者がクチコミ対象製品を購買しようとする程度を意味する変数である。また，「クチコミ・プラットフォームの種類」とは，閲覧するクチコミ・プラットフォームがマーケターに

よって運営されていると被験者が知覚する程度を意味する変数であり，「ウェブページ上の正のｅクチコミの知覚量」とは，閲覧するウェブサイト上に正のｅクチコミがどれくらい存在すると被験者が知覚したのかを意味する変数である。

4.2　測定尺度

「クチコミ対象製品への態度」は，Holbrook and Batra（1987）を参考に開発した４つの質問項目を用いて，７点セマンティック・ディフェレンシャル尺度で測定した。「購買意図」は，Bearden, Lichtenstein, and Teel（1984）を参考に開発した４つの質問項目を用いて，７点リカート尺度（「１＝全くそう思わない」から「７＝非常にそう思う」）によって測定した。「ウェブページ上の正のｅクチコミの知覚量」および「クチコミ・プラットフォームの種類」は，独自に開発した３つの質問項目をそれぞれ用いて，７点リカート尺度によって測定した。なお，調査に用いた質問項目は，**表5-1**に示されるとおりである。

尺度の信頼性を表すクロンバックのα係数の値は，すべての概念について0.70以上という基準値を満たしていた（Nunnally and Bernstein, 1994）。同様に，尺度の信頼性を表わす合成信頼性（CR）の値，および，尺度の妥当性を示すための指標である平均分散抽出度（AVE）の値は，すべての概念について，既存研究が推奨する基準値を満たしていた（Bagozzi and Yi, 1988）。

4.3　マニピュレーション・チェック

実験室実験において提示されたウェブページ上のｅクチコミの正負比率に関して，被験者が回答したデータを用いて，まず，一元配置分散分析を行った。分析の結果，ｅクチコミの正負比率が10:0，8:2，および6:4であるときの，「ウェブページ上の正のｅクチコミの知覚量」に関する平均値は，それぞれ，4.95（S.D. = 1.79），3.83（S.D. = 0.99），および2.56（S.D. = 0.85）であった。さらに，Tukey の HSD 法による多重比較分析を行った。分析の結

表5-1　研究3における構成概念と質問項目

構成概念・質問項目	α係数	CR	AVE
クチコミ対象製品への態度 クチコミされている商品は, Y_1：嫌いだ－好きだ。 Y_2：好ましくない－好ましい。 Y_3：悪い－良い。 Y_4：信頼できない－信頼できる。	0.87	0.88	0.64
購買意図 Y_5：クチコミされている商品を買う可能性は高いと思う。 Y_6：クチコミされている商品を試しに買ってみるだろう。 Y_7：英会話の学習教材が欲しいとき，クチコミされている商品を買いそうだと思う。 Y_8：クチコミされている商品を買う見込みは低いと思う。(r)	0.81	0.76	0.69
ウェブページ上の正のeクチコミの知覚量 X_1：この商品の悪いクチコミの数は少ないと思う。 X_2：この商品の悪いクチコミの数は微々たるものだと思う。 X_3：この商品には良いクチコミしか存在しないと思う。	0.75	0.67	0.51
クチコミ・プラットフォームの種類 X_4：クチコミが載っているサイトは，この商品の販売に携わる人によって運営されていると思う。 X_5：クチコミが載っているサイトは，この商品の販売に関係のある人によって運営されていると思う。 X_6：クチコミが載っているサイトは，この商品の売り手とは関係がないと思う。(r)	0.95	0.84	0.63

果，eクチコミの正負比率が10:0のときと8:2のときの間，8:2のときと6:4のときの間，および，10:0のときと6:4のときの間には，いずれも1％水準で有意な差が認められた。したがって，eクチコミの正負比率に関する操作化は妥当に行われたと判断できるだろう。

　続いて，被験者で用いられたクチコミ・プラットフォームの種類に関する操作が妥当に行われているかを判断するために，「クチコミ・プラットフォームの種類」の平均値を用いて，t検定を行った。分析の結果，マーケター作成型プラットフォームとして設定されたメーカーの自社ウェブサイトと，非マーケター作成型プラットフォームとして設定された第三者運営のクチコミサイトに対して，被験者が知覚したクチコミ・プラットフォームの種類の平均値は，それぞれ5.34（S.D. = 1.38）と4.52（S.D. = 1.42）であり，両者の間には1％水準で有意な差が認められた（$t = 3.78, p < 0.01$）。したがって，マーケター作成型プラットフォームを閲覧した被験者の方が，非マーケター

表5-2　研究3における分散分析の結果

	Y_1（クチコミ対象製品への態度）	Y_2（購買意図）
X_1（eクチコミの正負比率）	$F=21.89^a$	$F=13.52^a$
X_2（クチコミ・プラットフォームの種類）	$F=18.90^a$	$F=24.39^a$
$X_1 \times X_2$（クチコミ・プラットフォームの種類とeクチコミの正負比率の交互効果）	$F=14.01^a$	$F=10.35^a$

（注）^{a} は1％水準で有意。

作成型プラットフォームを閲覧した被験者より，そのクチコミ・プラットフォームがマーケターによって運営されているとより高水準に知覚した。したがって，クチコミ・プラットフォームの種類に関する操作は妥当であったと見なせるだろう。

4.4　分析結果

　実験室実験で収集した消費者データを用いて，独立変数を，「eクチコミの正負比率」（10:0／8:2／6:4）および「クチコミ・プラットフォームの種類」（マーケター型／非マーケター型）の3×2，従属変数を，「クチコミ対象製品への態度」および「購買意図」に設定したうえで，二元配置分散分析を行った。なお，Levene の等分散検定を行った結果，各種類の仮想のウェブサイトに割り当てられた被験者グループの分散の間に有意差は認められなかった。この結果から，各グループの分散が等しくなければならないという分散分析の要件に関して問題が見出されなかったと判断された。それゆえ，二元配置分散分析を行うことは妥当であるだろう。

　従属変数として「クチコミ対象製品への態度」および「購買意図」を設定した分散分析の結果，各要因の主効果，および2要因の交互効果に関する F 値は，**表5-2**に示されるとおりであった。

　具体的には，「クチコミ対象製品への態度」に対する「eクチコミの正負比率」と「クチコミ・プラットフォームの種類」の主効果は，いずれも有意であるということが示された（$F = 21.89, p < 0.01$; $F = 18.90, p < 0.01$）。さらに，2要因の交互効果は有意であるということが示された（$F = 14.01,$

表5-3 eクチコミの正負比率・クチコミ・プラットフォームの種類別の製品評価の平均値と標準偏差

				X_1（eクチコミの正負比率）		
				10：0	8：2	6：4
Y_1 （製品への態度）	X_2（クチコミ・プラットフォームの種類）	マーケター作成型	平均値 （標準偏差）	3.45 (0.92)	4.39 (0.81)	3.29 (1.08)
		非マーケター作成型	平均値 （標準偏差）	4.93 (1.09)	4.44 (0.70)	3.90 (1.02)
Y_2 （購買意図）	X_2（クチコミ・プラットフォームの種類）	マーケター作成型	平均値 （標準偏差）	2.70 (1.11)	3.20 (1.20)	2.55 (1.06)
		非マーケター作成型	平均値 （標準偏差）	4.17 (1.01)	3.48 (1.17)	3.14 (1.36)

$p < 0.01$）。同様に，「購買意図」に対する「eクチコミの正負比率」と「クチコミ・プラットフォームの種類」の主効果はいずれも有意であるということが示された（$F = 13.52, p < 0.01; F = 24.39, p < 0.01$）。さらに，2要因の交互効果は有意であった（$F = 10.35, p < 0.01$）。

　「クチコミ対象製品への態度」および「購買意図」における「eクチコミの正負比率」と「クチコミ・プラットフォームの種類」の交互効果は，**表5-3**，**図5-2**，および**図5-3**に示されるとおりであった。

　クチコミ・プラットフォームの種類がマーケター作成型である場合，eクチコミの正負比率が10:0，8:2，および6:4のとき，「クチコミ対象製品への態度」の平均値は，それぞれ3.45（S.D. = 0.92），4.39（S.D. = 0.81），および3.29（S.D. = 1.08）であった。Tukey の HSD 法による多重比較分析を行った結果，eクチコミの正負比率が10:0のときと6:4のときの間には，有意な差は認められず，10:0のときと8:2のときの間，および8:2のときと6:4のときの間には，5％水準で有意な差が認められた。同様に，クチコミ・プラットフォームの種類がマーケター作成型である場合，eクチコミの正負比率が10:0，8:2，および6:4のとき，「購買意図」の平均値は，それぞれ2.70（S.D. = 1.11），3.20（S.D. = 1.20），および2.55（S.D. = 1.06）であった。Tukey の HSD 法による多重比較分析の結果，eクチコミの正負比率が10:0のときと8:2のときの間，および10:0のときと6:4のときの間には，有意な差が認め

図5-2 eクチコミの正負比率とクチコミ・プラットフォームの種類の交互効果
（Y_1：クチコミ対象製品への態度）

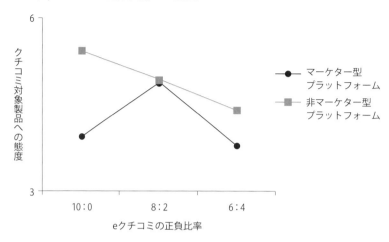

図5-3 eクチコミの正負比率とクチコミ・プラットフォームの種類の交互効果
（Y_2：購買意図）

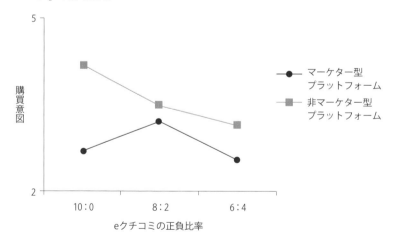

られず，8:2のときと6:4のときの間には，10％水準で有意な差が認められた。
すなわち，クチコミ・プラットフォームの種類がマーケター作成型である場
合，eクチコミの正負比率が8:2のときの方が，10:0のときより，「クチコミ
対象製品への態度」は高かった。さらに，eクチコミの正負比率が10:0のと

きと8:2のときの間には，有意な差は認められなかったものの，8:2のときの方が，10:0のときより「購買意図」が高い傾向は見出された。したがって，クチコミ・プラットフォームの種類がマーケター作成型である場合，多数の正のeクチコミの中に一定の割合の負のeクチコミが存在するときの方が，負のeクチコミが全く存在しないときより，消費者の製品評価は高い，という**仮説3.1**は部分的に支持された。

　一方，クチコミ・プラットフォームの種類が非マーケター作成型である場合，eクチコミの正負比率が10:0，8:2，および6:4のとき，「クチコミ対象製品への態度」の平均値は，それぞれ4.93（S.D. = 1.09），4.44（S.D. = 0.70），および3.90（S.D. = 1.02）であった。TukeyのHSD法による多重比較分析を行った結果，eクチコミの正負比率が10：0のときと8:2のときの間には，有意な差は認められず，8:2のときと6:4のときの間には，10％水準で有意な差が認められ，10:0のときと6:4のときの間には，5％水準で有意な差が認められた。同様に，クチコミ・プラットフォームの種類が非マーケター作成型である場合，eクチコミの正負比率が10:0，8:2，および6:4のとき，「購買意図」の平均値は，それぞれ4.17（S.D. = 1.01），3.48（S.D. = 1.17），および3.14（S.D. = 1.36）であった。TukeyのHSD法による多重比較分析を行った結果，eクチコミの正負比率が8:2のときと6:4のときの間には，有意な差は認められず，10:0のときと8:2のときの間には，10％水準で有意な差が認められ，10:0のときと6:4のときの間には，5％水準で有意な差が認められた。すなわち，クチコミ・プラットフォームの種類が非マーケター作成型である場合，eクチコミの正負比率が10:0のときと8:2のときの間には，有意な差は認められなかったものの，10:0のときの方が，8:2のときより，「クチコミ対象製品への態度」は高い傾向が見出された。さらに，eクチコミの正負比率が10:0のときの方が，8:2のときより，「購買意図」は高かった。したがって，クチコミ・プラットフォームの種類が非マーケター作成型である場合，負のeクチコミが全く存在しないときの方が，多数の正のeクチコミの中に一定の割合の負のeクチコミが存在するときより，消費者の製品評価は高い，という**仮説3.2**は部分的に支持された。

4.5 考　　察

　第5章における分析の結果，クチコミ・プラットフォームの種類がマーケター作成型である場合，多数の正のeクチコミの中に一定の割合の負のeクチコミが存在するときの方が，負のeクチコミが全く存在しないときより，消費者のクチコミ対象製品への態度は高いということが示された。このことから，多数の正のeクチコミの中に存在する一定の割合の負のeクチコミが消費者行動に正の影響を与える条件は，クチコミ・プラットフォームの種類がマーケター作成型の場合であるということが示唆された。こうした結果が得られたのは，マーケター作成型プラットフォーム上に正のeクチコミしか掲載されていない状況において，消費者は，その正のeクチコミがマーケターから報酬を受け取った発信者によって投稿されているのではないかという疑念を強く抱いたためであると考えられる。それゆえ，消費者は，そのマーケター作成型プラットフォーム上の正のeクチコミに対して抱いた強い疑念を自身の製品への態度に反映させ，その態度を大きく低下させたのだろう。

　さらに，クチコミ・プラットフォームの種類が非マーケター作成型である場合，負のeクチコミが全く存在しないときの方が，多数の正のeクチコミの中に一定の割合の負のeクチコミが存在するときより，クチコミ対象製品の購買意図が高いということが示された。すなわち，クチコミ・プラットフォームの種類がマーケター作成型である場合の方が，非マーケター作成型である場合より，そのプラットフォーム上に正のeクチコミしか存在しないときにおける消費者の製品評価は低いということが示唆された。

第5節　研究3の総括

　前章までにおいては，多数の正のクチコミの中に存在する一定の割合の負のeクチコミが消費者の製品評価に逆説的に正の影響を与える条件の識別を試みた。すなわち，eクチコミの正負比率と消費者の製品評価の関係に対する，快楽財と実用財というクチコミ対象製品の種類の調整効果，および，受信者である消費者の専門性とクチコミ・メッセージの訴求内容の種類の調整効果を分析した。その結果，多数の正のeクチコミの中に存在する一定の割合の負のeクチコミが正の影響を与える条件は，クチコミ対象製品が快楽財の場合と専門性の高い消費者が属性中心的クチコミを読む場合であるということを見出した。第5章では，前章までの議論を踏まえたうえで，多数の正のeクチコミの中に存在する一定の割合の負のeクチコミが正の影響を与えるさらなる条件を探究した。その際，環境特性であるクチコミ・プラットフォームの種類を考慮に入れ，ウェブサイトがマーケター作成型であるか，あるいは，非マーケター型であるかというクチコミ・プラットフォームの種類が，eクチコミの正負比率と消費者の製品評価の関係に対していかなる調整効果をもたらすのかを検討した。

　分析の結果，クチコミ・プラットフォームの種類がマーケター作成型である場合には，多数の正のeクチコミの中に一定の割合の負のeクチコミが存在するときの方が，負のeクチコミが全く存在しないときより，消費者のクチコミ対象製品への態度は高かった。一方で，クチコミ・プラットフォームの種類が非マーケター作成型である場合には，負のeクチコミが全く存在しないときの方が，多数の正のeクチコミの中に一定の割合の負のeクチコミが存在するときより，クチコミ対象製品の購買意図は高かった。したがって，多数の正のeクチコミの中に存在する一定の割合の負のeクチコミが消費者の製品評価に正の影響を与える第3の条件は，クチコミ・プラットフォーム

の種類がマーケター作成型である場合であると結論づけられた。

　既存研究は，消費者が１つのウェブページ上で単一の正あるいは負のｅクチコミのいずれか一方に露出する状況を想定したうえで，クチコミ・プラットフォームの種類がマーケター作成型であるか，非マーケター作成型であるかによって，正のｅクチコミの影響の度合いは異なる一方，負のｅクチコミの影響の度合いに差はないと主張した（Lee and Youn, 2009）。すなわち，クチコミ・プラットフォームの種類の差異に伴って，そのプラットフォーム上で単一のｅクチコミに露出した消費者の製品評価が異なるということが示唆されたものの，クチコミ・プラットフォームにおける１つのウェブページ上において，複数の正と負のｅクチコミに同時に露出した消費者の製品評価がどのように異なるのかということは検討されてこなかった。これに対して第５章は，クチコミ・プラットフォーム上に正のｅクチコミしか存在しないとき，クチコミ・プラットフォームの種類がマーケター作成型である場合の方が，非マーケター作成型である場合より，消費者の製品評価が大きく減じられる一方，多数の正のｅクチコミの中に一定の割合の負のｅクチコミが掲載されているとき，マーケター作成型プラットフォームの場合においても，非マーケター作成型プラットフォームの場合と同程度にクチコミ対象製品が評価されるという新たな知見を提示し，１つのウェブページ上における負のｅクチコミの存在が逆説的に正の影響を与えるさらなる条件を識別することに成功したと考えられる。

(1) クチコミ・プラットフォームとは，クチコミが受発信される場のことを指す。それゆえ，ｅクチコミの文脈・状況において，クチコミ・プラットフォームとは，ｅクチコミが受発信される媒体，例えばウェブサイトやSNSサイトのことを指す。
(2) 実際のウェブサイトではなく，仮想のウェブサイトを用いることによって，消費者のサイトに対する態度を統制することができる。同様に，実験対象製品に仮想のブランド名を冠することによって，消費者のブランドに対する態度を統制することが可能である。
(3) 実験で使用した正のｅクチコミとして，例えば「自分でもびっくりするくらい続いています！他の教材は仕事が忙しくてなかなか続かなかったのですが，このソフトは，本当にゲーム感覚で学べるので楽しんでます。」や「このソフトを初めてやっ

たときは，映画の DVD を見るような感動がありました。これまで私が挑戦した英語学習ソフトの中で，最も長時間取り組むことができた優良教材です。」というメッセージを用いた。一方，負の e クチコミとして，例えば「評判が良いので買ってみたものの，使いづらいです。やっぱり，英会話教室に行っていた時のほうが役に立つと思います。パソコンでやろうとしたのが失敗だったと後悔しています。」や「内容は中学，高校レベルですので，簡単すぎてお勧めできません。学生時代の教科書を読み返して，英会話 CD とかで発音を練習すれば十分だったかなと思いました。」というメッセージを用いた。

第6章

研究4：
負のeクチコミの正の影響が
促進される条件Ⅰ

快楽財に関するクチコミの掲載順の効果

第1節　問題意識

　前章までにおいて，先行研究において報告された，多数の正のeクチコミの中に存在する一定の割合の負のeクチコミが消費者行動に正の影響を与えるという現象が生起する条件の識別を試みた。前章までの議論を踏まえると，1つのウェブページ上における負のeクチコミの存在が消費者行動に与える正の影響は促進されるのか否か，促進されるならばいかなる条件のもとで促進されるのかを探究する必要があると考えられる。

　消費者が1つのウェブページ上に存在する複数の正と負のeクチコミに同時に露出する状況を想定するとき，それらのeクチコミは，通常，同一ページの上部から下部に向って縦方向に掲載されているだろう。例えば，eクチコミの正負比率が8:2であるようなウェブページ上では，2個の負のeクチコミがまとめてページの先頭に掲載されている場合もあれば，それらがまとめてページの末尾に掲載されている場合もあるかもしれない。また，8個の正のeクチコミと2個の負のeクチコミがランダムに掲載されている場合もあるだろう。こうした正のeクチコミと負のeクチコミの掲載順の違いは，消費者が1つのウェブページ上で複数の正と負のeクチコミに同時に露出することができるというeクチコミに特有の特徴を考慮することに伴って浮上した，別の特徴である。しかしながら，既存のeクチコミ研究において，1つのウェブページ上におけるeクチコミの掲載順の違いが消費者行動にいかなる影響を与えるのかということは，管見の限り議論されていない。

　したがって，第6章は，本書の**研究課題(1−ii)**に焦点を合わせて，「負のeクチコミの存在が消費者の製品評価に与える正の影響はいかなる条件のもとで促進されるのか」を探究する。その際，既存研究において考慮されてこなかったクチコミの掲載順に着目する。具体的には，第4章において識別された，多数の正のeクチコミの中に存在する一定の割合の負のeクチコミが

正の影響を与える条件の1つである，クチコミ対象製品が快楽財である場合において，負のeクチコミがまとめてページの先頭に掲載されるとき，および負のeクチコミがまとめてページ末尾に掲載されるときという負のeクチコミの掲載順の違いに伴って，消費者の製品評価がどのように異なるのかを検討する。

第2節　既存研究レビュー

　既存研究において，eクチコミの掲載順の効果は論じられてこなかったものの，説得的コミュニケーション研究の分野において，説得力に影響を与えるメッセージ変数の1つとして，メッセージの提示順序に関する研究が数多く存在する（cf. 深田, 2002）。

　情報の提示順序に関する初期の研究として，Asch（1946）が挙げられる。彼は，複数の情報の提示順序の違いが人の印象形成にもたらす効果，すなわち，順序効果を検討した。彼は，被験者を2グループに分けたうえで，ある人物を異なる複数の形容詞を用いて説明した文章を提示し，その人物に対する印象を比較する実験を行った。異なる複数の形容詞とは，「知的で，勤勉で，衝動的で，批判的で，頑固で，嫉妬深い」と「嫉妬深くて，頑固で，批判的で，衝動的で，勤勉で，知的」であった。すなわち，実際のところ情報の内容は同じであるが，情報の提示順序を逆にしたのである。

　実験の結果，前者の「知的で，勤勉で，衝動的で，批判的で，頑固で，嫉妬深い」という文章を読んだグループは，提示順序が最初である「知的」という情報による影響を強く受け，実験対象の人物に対して好ましい印象を形成した。一方，後者の「嫉妬深くて，頑固で，批判的で，衝動的で，勤勉で，知的」という文章を読んだグループは，提示順序が最初である「嫉妬深い」

という情報による影響を強く受け，実験対象の人物に対して否定的な印象を形成した。すなわち，消費者は，主として，提示順序が最初である情報に基づいて，実験対象の人物の印象を形成した。このことから，人物の印象形成において，人が最後に提示された情報より，最初に提示された情報に説得される傾向があるという効果，すなわち初頭効果が存在すると結論づけられた。

　Asch による研究以降，多くの研究者によって，初頭効果を調整する様々な変数が識別されてきた。それらの調整変数の中でも最も注目されてきたのは，情報処理努力である。ただし，情報処理努力とは，ある対象物に関する情報を処理しようとする動機あるいは能力である。情報処理努力の調整効果に着目した既存研究が一貫して主張してきたのは，すべての条件が一定であるとき，情報処理努力が低い場合の方が，情報処理努力が高い場合より，初頭効果が生起しやすいということであった（e.g. Kruglanski and Webster, 1996; Petty, Tormala, Hawkins, and Wegener, 2001; Webster, Richter, and Kruglanski, 1996）。

　こうした主張に基づいて，Ein-gar, Shiv, and Tormala（2012）は，情報処理努力と情報の提示順序が消費者の製品評価にいかなる影響を与えるのかを検討した。彼らは，被験者を情報処理努力が高い条件と低い条件に割り当てたうえで，両グループに製品情報を提示するという実験を行った。実験対象製品として，ハイキング・ブーツが用いられた。被験者に提示された製品情報は，ハイキング・ブーツの複数の属性に関する肯定的な情報と単一の属性に関するやや否定的な情報から構成された。複数の属性に関する肯定的な情報には，「このブーツは，整形外科医がデザインした足を保護するための靴底，パッド入りで長さもある快適な舌革，豊富なカラーバリエーション，撥水加工，通気性の高い素材，5年間保証，および取替え用の靴紐2本付属」という文章を使用した一方，単一の属性に関するやや否定的な情報には，側面が少し破損した靴箱の画像を使用した。製品情報の提示順序は，肯定的な属性情報の後にやや否定的な属性情報が提示される場合と，やや否定的な属性情報の後に肯定的な属性情報が提示される場合の2通りに設定された。

　実験の結果，消費者の情報処理努力が低い場合には，肯定的な属性情報の後にやや否定的な属性情報が提示されるときの方が，やや否定的な属性情報

の後に肯定的な属性情報が提示されるときより，消費者の製品評価は高かっ
た。一方，消費者の情報処理努力が高い場合には，肯定的な属性情報の提示
順序が先のときと後のときの間で有意な差は認められなかった。すなわち，
消費者の情報処理努力が低い場合に肯定的な情報の初頭効果が見出された。
このことから，肯定的な情報が否定的な情報より先に提示されると，消費者
は，肯定的な情報の影響を強く受けて，否定的な情報を割り引くため，製品
をより肯定的に評価すると結論づけられた。

　このように初頭効果が生起する条件を解明する研究が数多く行われてきた
一方，人が最後に提示された情報に説得される傾向があるという効果，すな
わち新近効果が生起する条件の解明を試みた研究が存在する。例えば，
Miller and Campbell（1959）は，2つの情報を提示するとき，後に提示した
情報の方が，先に提示した情報より，人の記憶に残りやすいのか否かを検討
した。彼らは，被験者に2つの情報を提示するという実験を行った。その際，
先に提示する情報と後に提示する情報の間には一定の時間が置かれた。なお，
実験で提示した情報として，模擬裁判の判決文が用いられた。

　実験の結果，後に提示した情報の方が，先に提示した情報より，人の記憶
に残りやすいということが見出された。このことから，情報を提示する時期
をずらした場合，人が最初ではなく最近に提示された情報を記憶しやすい新
近効果が生じると結論づけられた。

　さらに，連続して情報を提示する場合の方が，情報を提示する時期をずら
した場合より，新近効果が生じやすいと主張したのが，Broadbent, Vines,
and Broadbent（1978）である。彼らは，被験者を2つのグループに分け，
それぞれのグループに対して異なる設定の実験を行った。一方の被験者グル
ープには，連続的に15個の単語を一気に読み上げて聞き取らせた後，それら
の単語をどれだけ記憶しているかを回答させた。もう一方の被験者グループ
には，1個の単語を読み上げるごとに単語の読み上げを中断し，それまでに
読み上げた単語を再度読み上げ，中断後に続きの単語を読み上げるという作
業を繰り返した。最後の単語の読み上げが終わった後，被験者には，それら
の単語をどれだけ記憶しているかを回答させた。

　実験の結果，一気に読み上げられる単語を聞き取らせた被験者グループは，

リスト末尾の単語を最も正確に記憶しており，10番目の単語から最後に向かうにつれて，被験者の記憶が次第に正確になっていった。一方，1個の単語を読み上げるごとに単語の読み上げを中断した場合，被験者は，単語の読み上げを中断しない場合ほど正確には単語を記憶できず，新近効果は減じられた。このことから，情報が連続して提示された場合の方が，複数の情報を断続的にしか提示されない場合より，人は最も新しく提示された情報を記憶しやすく，それゆえ新近効果が強いということが結論づけられた。

　このように，説得的コミュニケーション研究の分野において，情報の提示順序の効果はこれまで盛んに議論されてきたものの，eクチコミ研究において，クチコミの掲載順の効果は議論されてこなかった。そこで，第6章では，説得的コミュニケーション研究における順序効果の知見を援用し，消費者が1つのウェブページ上に存在する複数の正のeクチコミと負のeクチコミに対して連続的に情報処理する状況を想定したうえで，eクチコミの掲載順の違いに伴って，消費者の製品評価がどのように異なるのかを検討する。

第3節　仮説の提唱

　榊（2002）によると，メッセージの受け手がある問題に対して高い関心を寄せている場合，最も強力な議論を最後に回し，その周辺の証拠づけを最初から徐々に行えば，議論の魅力が高まり，最後に提示された強力な議論の提案は同意を得やすいという。さらに，Broadbent, *et al.*（1978）は，複数の情報が連続的に提示された場合，人は最後に与えられた情報を記憶しやすいという新近効果を見出した。彼が見出した新近効果は，ウェブページ上で連続的に掲載されているクチコミ・メッセージに対して，消費者が連続して情報処理する状況においても見出されると考えられる。1つのウェブページ上に

おいてeクチコミを閲覧する消費者は，クチコミ対象製品の情報に関心を抱き，その情報を処理する動機をすでに持ち合わせている。そのような消費者は，1つのウェブページ上に連続的に掲載されている複数のeクチコミに対して連続して情報処理を行うため，新近効果の方が，初頭効果より生起しやすいと考えられる。

　既存研究の知見を踏まえて，1つのウェブページ上における多数の正のeクチコミと一定の割合の負のeクチコミの掲載順を，負のeクチコミがまとめてページの先頭に掲載されるように設定したとき，消費者は，先頭に掲載された負のeクチコミを読んだ後に，末尾に掲載された正のeクチコミを続けて読むため，正のeクチコミの方により強く印象付けられる。それゆえ，先頭に掲載された負のeクチコミが与える負の影響は，末尾に掲載された正のeクチコミによる正の影響によって相殺され，消費者はクチコミ対象製品に対して好ましい評価を下すと考えられる。一方，1つのウェブページ上における多数の正のeクチコミと一定の割合の負のeクチコミの掲載順を，負のeクチコミがまとめて末尾に掲載されるように設定したとき，消費者は，先頭に掲載された正のeクチコミを読んだ後に，末尾に掲載された負のeクチコミを読むため，負のeクチコミの方により強く印象づけられると考えられる。それゆえ，末尾に掲載された負のeクチコミが与える負の影響は，先頭に掲載された正のeクチコミによる正の影響によって相殺されることなく，消費者の態度形成を阻害する。よって，消費者は，負のeクチコミがまとめて先頭に掲載されるときの方が，負のeクチコミがまとめて末尾に掲載されるときより，クチコミ対象製品を好意的に評価すると考えられる。したがって，多数の正のeクチコミの中に存在する一定の割合の負のeクチコミが消費者の製品評価に正の影響を与える条件のもとで，負のeクチコミの掲載順を考慮に入れた次の仮説を提唱する。

仮説4
　クチコミ対象製品が快楽財である場合，負のeクチコミがまとめて先頭に掲載されるときの方が，負のeクチコミがまとめて末尾に掲載されるときより，消費者の製品評価は高い

図6-1　研究4の概念モデル

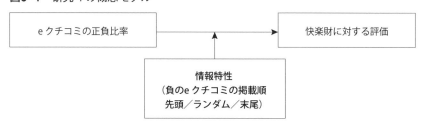

また，第6章における概念モデルは，**図6-1**に示されるとおりである。

第4節　分　　析

4.1　実験の概要

第3節において提唱した**仮説4**の経験的妥当性を検討するために，分析を行う。第6章の分析は，第3章の研究1において採用されたリサーチデザインに準拠した。第6章においても，消費者データを収集するために，仮想のクチコミサイトを使用した実験室実験を行う。研究1の結果を踏まえて，クチコミ対象製品の種類が快楽財である状況を準備し，実験対象製品として映画[(1)]を用いた。

実験に際して，eクチコミの正負比率が10:0である場合の1種類と，eクチコミの正負比率（8:2／6:4），および負のeクチコミの掲載順（先頭／ランダム／末尾）[(2)]を操作した2×3種類，すなわち全7種類のウェブページを作成した。実験用のウェブページは，いずれもページの左上部に実験対象の映画タイトルが掲載され，その下に映画のポスター画像が掲載されるというレイアウトに設定し，それらの下には10個のeクチコミを配置した。eクチコ

ミの正負比率が10:0であるときには，１つのウェブページに10個の正のｅクチコミを，8:2であるときには，８個の正のｅクチコミと２個の負のｅクチコミを，6:4であるときには，６個の正のｅクチコミと４個の負のｅクチコミを掲載した[3]。

負のｅクチコミの掲載順を操作するために，１つのウェブページ上の正のｅクチコミと負のｅクチコミの掲載順を３通りに設定した。具体的に，負のｅクチコミが先頭であるときには，10個のｅクチコミの中で負のｅクチコミがまとめて先頭に掲載され，その下に続けて正のｅクチコミが掲載されるという順序を，負のｅクチコミの掲載順がランダムであるときには，正のｅクチコミと負のｅクチコミがランダムに掲載されるという順序を，そして，負のｅクチコミの掲載順が末尾であるときには，10個のｅクチコミの中で正のｅクチコミが掲載され，その下に負のｅクチコミがまとめて末尾に掲載されるという順序を設定した。ただし，ｅクチコミの正負比率が10:0であるときには正のｅクチコミしか存在しないため，掲載順を設定しなかった。

実験に参加した被験者は，大学生および大学院生126名であった。被験者には，まず，実験対象の映画に関する情報，すなわち映画のあらすじ，解説，キャスト，スタッフ，受賞記録，および映画のワンシーンの画像を閲覧してもらった。その後，作成した７種類のウェブページのうちの１種類を閲覧してもらったうえで，「製品評価」に関する質問項目に回答してもらった。なお，「製品評価」とは，被験者がクチコミ対象製品に対してどの程度好意的であるかを意味する変数である。

 ## 4.2　測定尺度

「製品評価」については，Alpert and Kamins（1995）を参考に開発した６つの質問項目を用いて，７点リカート尺度（「１＝全くそう思わない」から「７＝非常にそう思う」）によって測定した。なお，調査に用いた質問項目は，**表6-1**に示されるとおりであった。

尺度の信頼性を表わすクロンバックのα係数の値は，製品評価について，0.98であり，既存研究が推奨する0.70以上という基準値を満たしていた

表6-1　研究4における構成概念と質問項目

構成概念・質問項目	α係数	CR	AVE
製品評価			
Y_1：クチコミを読んで，この映画から好印象を受ける。			
Y_2：クチコミを読んで，この映画は魅力的だ。			
Y_3：クチコミを読んで，この映画を見ることは楽しい。	0.98	0.98	0.92
Y_4：クチコミを読んで，この映画を見ることは好ましい。			
Y_5：クチコミを読んで，この映画を見ることは良い考えだ。			
Y_6：クチコミを読んで，この映画を見ることを検討するだろう。			

（Nunnally and Bernstein, 1994）。同様に，尺度の信頼性を表わす合成信頼性（CR）の値は0.98であり，既存研究が推奨する0.60以上という基準値を満たしていた（Bagozzi and Yi, 1988）。さらに，尺度の妥当性を示すための指標である平均分散抽出度（AVE）は0.92であり，既存研究が推奨する0.50以上という基準値を満たしていた（Bagozzi and Yi, 1988）。

4.3　分析結果

　実験室実験で収集した消費者データを用いて，独立変数を，「eクチコミの正負比率」（10:0／8:2／6:4），および「負のクチコミの掲載順」（先頭／ランダム／末尾）の3×3，従属変数を，「製品評価」に設定したうえで，二元配置分散分析を行った。なお，Leveneの等分散検定を行った結果，各被験者グループの分散の間に有意差は認められなかった。この結果から，各グループの分布の分散の等質性という分散分析の要件に関して問題は見出されなかったと判断され，それゆえ，二元配置分散分析を行うことは妥当であるだろう。

　従属変数として「製品評価」を設定した分散分析の結果，モデル全体，各要因の主効果，および2要因の交互効果に関するF値は，**表6-2**に示されるとおりである。

　「eクチコミの正負比率」および「負のeクチコミの掲載順」の主効果はそれぞれ有意であるということが示された（$F = 120.80$, $p < 0.01$; $F = 11.25$, $p < 0.01$）。さらに2要因の交互効果は有意であるということが示された

表6-2　研究4における分散分析の結果

モデルの全体的評価	$F= 34.60^a$
X_1(eクチコミの正負比率)	$F=120.80^a$
X_2(負のeクチコミの掲載順)	$F= 11.25^a$
$X_1 \times X_2$(eクチコミの正負比率と負のeクチコミの掲載順の交互効果)	$F= 3.17^a$

（注）^{a} は1％水準で有意。

表6-3　eクチコミの正負比率と負のeクチコミの掲載順別の製品評価の平均値と標準偏差

X_1(eクチコミの正負比率)	10:0	8:2	6:4
平均値（標準偏差）	4.53（1.33）	6.13（0.58）	4.24（0.79）
X_2(負のeクチコミの掲載順)	先頭	ランダム	末尾
平均値（標準偏差）	5.27（1.28）	4.98（1.21）	4.65（1.22）

図6-2　eクチコミの正負比率による製品評価の差異（快楽財の場合）

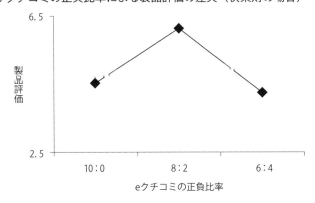

$(F=3.17, p<0.01)$。「製品評価」に対するeクチコミの正負比率の主効果および負のeクチコミの掲載順の主効果は，**表6-3**，**図6-2**，および**図6-3**に示されるとおりであった。

　eクチコミの正負比率が10:0，8:2，および，6:4のときの「製品評価」の平均値はそれぞれ，4.53（S.D.=1.33），6.13（S.D.=0.58），および，4.24（S.D.=0.79）であった。TukeyのHSD法による多重比較分析の結果，eクチコミの正負比率が10:0のときと6:4のときの間には，有意な差は認められず，10:0のときと8:2のときの間，および8:2のときと6:4のときの間には，

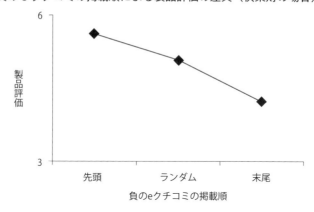

図6-3　負のe クチコミの掲載順による製品評価の差異（快楽財の場合）

1 ％水準で有意な差が認められた。これは，第3章の研究1において得られた結果と同様である。したがって，第3章において提唱された，クチコミ対象製品が快楽財である場合，多数の正のe クチコミの中に一定の割合の負のe クチコミが存在するときの方が，負のe クチコミが全く存在しないときより，消費者の製品評価は高い，という**仮説1.1**は第6章においても支持された。

　さらに，負のe クチコミがまとめて先頭に掲載されるとき，正のe クチコミと負のe クチコミがランダムに掲載されるとき，および，負のe クチコミがまとめて末尾に掲載されるときの製品評価の平均値はそれぞれ，5.27（S.D.=1.28），4.98（S.D.=1.21），および，4.65（S.D.=1.22）であった。Tukey の HSD 法による多重比較分析の結果，負のe クチコミがまとめて先頭に掲載されるときとランダムに掲載されるときの間，および，負のe クチコミがランダムに掲載されるときとまとめて末尾に掲載されるときの間には，有意な差は認められず，e クチコミがまとめて先頭に掲載されるときとまとめて末尾に掲載されるときの間には，5 ％水準で有意な差が認められた。したがって，クチコミ対象製品が快楽財である場合，負のe クチコミがまとめて先頭に掲載されるときの方が，負のe クチコミがまとめて末尾に掲載されるときより，消費者の製品評価は高い，という**仮説4**は支持された。

4.4 考　　察

　第6章における分析の結果，クチコミ対象製品が快楽財である場合，多数の正のeクチコミの中に一定の割合の負のeクチコミが存在するときの方が，負のeクチコミが全く存在しないときより，消費者はその製品を高く評価するということが再び示された。そして，負のeクチコミがまとめて先頭に掲載されるときの方が，負のeクチコミがまとめて末尾に掲載されるときより，消費者の製品評価が高いということが示された。このことから，クチコミ対象製品が快楽財である場合，多数の正のeクチコミの中に存在する一定の割合の負のeクチコミが，まとめて先頭に掲載されるときの方が，まとめて末尾に掲載されるときより，消費者の製品評価に与える正の影響の度合いが大きいということが示唆された。

　さらに，事前に仮説として設定しなかったが，eクチコミの正負比率と負のeクチコミの掲載順の交互効果が見出された。すなわち，クチコミ対象製品が快楽財である場合，負のeクチコミがまとめてページの先頭に掲載されるとき，eクチコミの正負比率の差異に伴う消費者の製品評価の差異は大きい一方，逆に，負のeクチコミがまとめてページの末尾に掲載されるとき，eクチコミの正負比率の差異に伴う消費者の製品評価の差異は小さいということが示唆された。

第5節　研究4の総括

　前章までにおいて，先行研究において報告された，多数の正のeクチコミの中に存在する一定の割合の負のeクチコミが消費者行動に正の影響を与え

るという現象が生起する条件の識別を試みた。しかしながら，前章までの研究には，消費者が1つのウェブページ上で複数の正と負のeクチコミに同時に露出することができるというeクチコミに特有の特徴を考慮することに伴って浮上する別の特徴，すなわち正のeクチコミと負のeクチコミの掲載順の違いを考慮に入れていないという課題が残されていた。

第6章では，そうした課題に対応して，eクチコミの掲載順の違いが消費者の製品評価に与える影響を検討した。具体的には，負のeクチコミがまとめて先頭に掲載されるとき，正のeクチコミと負のeクチコミがランダムに掲載されるとき，および負のeクチコミがまとめて末尾に掲載されるときというeクチコミの掲載順を設定した。その際，第3章の研究1の議論を踏まえ，多数の正のeクチコミの中に存在する一定の割合の負のeクチコミが正の影響を与える条件の1つである，クチコミ対象製品が快楽財である場合に焦点を合わせた。

分析の結果，クチコミ対象製品が快楽財である場合，多数の正のeクチコミの中に存在する一定の割合の負のeクチコミがまとめて先頭に掲載されるときの方が，正のeクチコミと負のeクチコミがランダムに掲載されるとき，および，負のeクチコミが末尾に掲載されるときより，消費者は製品を高く評価した。したがって，多数の正のeクチコミの中に存在する一定の割合の負のeクチコミが消費者の製品評価に与える正の影響が促進される条件は，負のeクチコミがまとめて先頭に掲載されるときであると結論づけられた。第6章は，eクチコミの掲載順の違いに伴って，消費者の製品評価も異なるという新たな知見を提示し，1つのウェブページ上における負のeクチコミの存在が消費者の製品評価に与える正の影響が促進される条件を識別することに成功したと考えられる。

(1) 実験対象の映画は，被験者が事前に態度を形成していないものを使用するために予備調査（n=32）を行って選択した。その結果として，「ゴスフォード・パーク」（2001年）という洋画を用いた。
(2) 掲載順がランダムのグループは，統制グループである。

(3) 実験で使用した正のeクチコミとして，例えば「冒頭のシーンに魅せられて，すっと映画の世界に入り込んでしまいました。語り口も素晴らしかったです。どの出演者も目立ち過ぎず，全員がピースの一部を構成しているところが群像劇の醍醐味だと感じます。」というメッセージを用いた。一方，負のeクチコミとして，例えば「人が出過ぎて追い切れなかったです。ひとりひとりのキャラを確認しながら見ていたけど，それに疲れて結局何が言いたかったのかさっぱり理解できなかったです。お金払って見る価値はないような気がします。」というメッセージを用いた。

研究5：
負のeクチコミの正の影響が
促進される条件Ⅱ

専門性の高い消費者における
属性中心的クチコミの掲載順の効果

第1節　問題意識

　第6章においては，多数の正のeクチコミの中に存在する一定の割合の負のeクチコミが正の影響を与える条件の1つ，すなわち，クチコミ対象製品が快楽財である場合に焦点を合わせて，eクチコミの掲載順が消費者の製品評価に与える影響を検討した。第7章においては，第6章に続いて本書の**研究課題(1−ii)**に焦点を合わせて，「負のeクチコミの存在が消費者の製品評価に与える正の影響はいかなる条件のもとで促進されるのか」を探究する。具体的には，第5章において識別された多数の正のeクチコミの中に存在する一定の割合の負のeクチコミが正の影響を与える別の条件，すなわち，専門性の高い消費者が属性中心的クチコミを読む場合に焦点を合わせて，負のeクチコミがまとめてページの先頭に掲載されるとき，および負のeクチコミがまとめてページ末尾に掲載されるときという負のeクチコミの掲載順の違いに伴って，消費者の製品評価がどのように異なるのかを検討する。

第2節　仮説の提唱

　第7章は，第5章の研究2の追随研究として，研究2において識別された，多数の正のeクチコミの中に存在する一定の割合の負のeクチコミが消費者の製品評価に正の影響を与える条件，すなわち，専門性の高い消費者が属性中心的クチコミを読む場合に焦点を合わせる。第6章における議論を踏まえ

図7-1　研究5の概念モデル

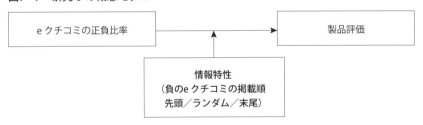

て，1つのウェブページ上における多数の正のeクチコミと一定の割合の負のeクチコミの掲載順を，負のeクチコミがまとめてページの先頭に掲載されるように設定したとき，消費者は，先頭に掲載された負のeクチコミを読んだ後に，末尾に掲載された正のeクチコミを続けて読むため，正のeクチコミの方により強く印象づけられると考えられる。一方，1つのウェブページ上における多数の正のeクチコミと一定の割合の負のeクチコミの掲載順を，負のeクチコミがまとめて末尾に掲載されるように設定したとき，消費者は，先頭に掲載された正のeクチコミを読んだ後に，末尾に掲載された負のeクチコミを読むため，負のeクチコミの方により強く印象づけられると考えられる。したがって，消費者は，負のeクチコミがまとめて先頭に掲載されるときの方が，負のeクチコミがまとめて末尾に掲載されるときより，クチコミ対象製品を高く評価すると考えられる。以上の議論より，次の仮説を提唱する。

仮説5

専門性の高い消費者が属性中心的クチコミを読む場合，負のeクチコミがまとめて先頭に掲載されるときの方が，負のeクチコミがまとめて末尾に掲載されるときより，消費者の製品評価は高い

また，第7章における概念モデルは，**図7-1**に示されるとおりである。

第3節　分　　析

 3.1 実験の概要

　第2節において提唱された**仮説5**の経験的妥当性を検討するために，分析を行う。第7章の分析は，第4章の研究2において採用されたリサーチデザインに準拠した。第7章においても，消費者データを収集するために，仮想のクチコミサイトを使用した実験室実験を行う。研究2の結果を踏まえて，専門性の高い消費者が属性中心的クチコミを読む状況を準備し，実験対象製品として映画およびデジタルカメラを用いた。

　実験に際して，eクチコミの正負比率が10:0である場合の1種類と，eクチコミの正負比率（8:2／6:4），および負のeクチコミの掲載順（先頭／ランダム／末尾）を操作した2×3種類，すなわち，全7種類のウェブページを作成した。実験用のウェブページは，いずれも最上部に映画タイトルあるいはデジタルカメラの製品名が掲載され，その下に製品の写真が掲載されるというレイアウトに設定し，それらの下には10個のeクチコミを配置した。eクチコミの正負比率が10:0であるときには，10個の正のeクチコミを，8:2であるときには，8個の正のeクチコミと2個の負のeクチコミを，6:4であるときには，6個の正のeクチコミと4個の負のeクチコミを各ページ内に掲載した。

　負のeクチコミの掲載順を操作するために，1つのウェブページ上の正のeクチコミと負のeクチコミの掲載順を3通りに設定した。具体的に，負のeクチコミの掲載順が先頭であるときには，10個のeクチコミの中で負のeクチコミがまとめて先頭に掲載され，その下に続けて正のeクチコミが掲載されるという順序を，負のeクチコミの掲載順がランダムであるときには，正のeクチコミと負のeクチコミがランダムに掲載されるという順序を，そ

して，負のeクチコミの掲載順が末尾であるときには，10個のeクチコミの中で正のeクチコミが掲載され，その下に負のeクチコミがまとめて末尾に掲載されるという順序を設定した。ただし，eクチコミの正負比率が10:0である場合には正のeクチコミしか存在しないため，掲載順を設定しなかった。

実験に参加してもらう被験者に対して，事前にクチコミ対象製品の専門性に関する調査を行った。被験者は，大学生および大学院生289名であった。被験者には，実験対象製品である映画とデジタルカメラの専門性に関する6個の質問項目に回答してもらった。事前の調査によって収集したデータを用いて，専門性の高い消費者を被験者として選定した。具体的には，6個の質問項目に対する回答の合計得点が，全体の平均値より高い値であった被験者を専門性の高い消費者グループに分類した。映画の専門性に関する平均値は22.67であり，デジタルカメラの専門性に関する平均値は20.93であった。映画に関する専門性の高い消費者は72名，デジタルカメラに関する専門性の高い消費者は75名であった。結果として，被験者は147名であった。

事前の調査で選定された映画の専門性の高い被験者には，作成した7種類の映画に関するウェブページのうち1種類を閲覧してもらった。また，デジタルカメラの専門性の高い被験者には，作成した7種類のデジタルカメラに関するウェブページのうちの1種類を閲覧してもらった。そのうえで，被験者には，「製品評価」に関する質問項目に回答してもらった。なお，「製品評価」とは，被験者がクチコミ対象製品に対してどの程度好意的であるかを意味する変数である。それと同時に，「専門性」に関する質問項目にも回答してもらった。なお，「専門性」とは，クチコミ対象製品カテゴリーに関する情報を処理する能力をどの程度有しているかを意味する変数である。

3.2　測定尺度

「製品評価」については，Alpert and Kamins（1995）を参考に開発した6つあるいは4つの質問項目を用いた。「専門性」については，Park and Kim（2008）によって開発された6つの質問項目を用いた。これらの測定尺度は，7点リカート尺度（「1＝全くそう思わない」から「7＝非常にそう思う」）によ

表7-1　研究 5 における構成概念と質問項目

構成概念・質問項目	α係数	CR	AVE
製品評価（映画） Y_1：この映画から好印象を受ける。 Y_2：この映画は魅力的だ。 Y_3：この映画を見ることは楽しい。 Y_4：この映画を見ることは好ましい。 Y_5：この映画を見ることは良い考えだ。 Y_6：この映画を見ることを検討するだろう。	0.94	0.93	0.70
製品評価（デジタルカメラ） Y_7：このカメラは有用だ。 Y_8：このカメラは有益だ。 Y_9：このカメラは高品質だ。 Y_{10}：このカメラは値打ちがある。	0.92	0.92	0.74
専門性 X_1：映画（／デジタルカメラ）について知ることは楽しい。 X_2：映画を見に行く（／デジタルカメラを購買する）前に，最新の情報を探索する。 X_3：最新の映画（／デジタルカメラ）に関する情報は常にチェックしている。 X_4：映画（／デジタルカメラ）に関する知識が豊富だ。 X_5：自分の映画（／デジタルカメラ）に関する知識は，製品情報を理解するのに役立つ。 X_6：映画（／デジタルカメラ）の宣伝文句が実際に本当かどうかを確かめるために，自分の映画（／デジタルカメラ）に関する知識を使う。	0.82	0.80	0.51

って測定した。なお，調査に用いた質問項目は，**表7-1**に示されるとおりである。

　尺度の信頼性を表わすクロンバックの α 係数の値は，「製品評価（映画）」，「製品評価（デジタルカメラ）」，および「専門性」について，それぞれ0.94，0.92，および0.82であり，既存研究が推奨する0.70以上という基準値を満たしていた（Nunnally and Bernstein, 1994）。同様に，尺度の信頼性を表わす合成信頼性（CR）の値は，それぞれ0.93，0.92，および0.80であり，既存研究が推奨する0.60以上という基準値を満たしていた（Bagozzi and Yi, 1988）。さらに，尺度の妥当性を示すための指標である平均分散抽出度（AVE）は，それぞれ0.70，0.74，および0.51であり，既存研究が推奨する0.50以上という基準値を満たしていた（Bagozzi and Yi, 1988）。

3.3 マニピュレーション・チェック

実験対象製品の専門性に関して，被験者が回答したデータを用いて t 検定を行った。分析の結果，映画の専門性が高い消費者の場合，および専門性が低い消費者の場合における専門性に関する平均値は，それぞれ4.70（S.D. = 0.53）および2.84（S.D. = 0.70）であり，両者の間には，1％水準で有意な差が認められた（$t = 11.46, p < 0.01$）。また，デジタルカメラの専門性が高い消費者の場合，および専門性が低い消費者の場合における専門性に関する平均値は，それぞれ4.02（S.D. = 1.33）および2.27（S.D. = 0.42）であり，両者の間には，1％水準で有意な差が認められた（$t = 7.32, p < 0.01$）。したがって，専門性に関する被験者の分類は妥当に行われたと判断できるだろう。

3.4 分析結果

実験室実験で収集した消費者データを用いて，独立変数を，「e クチコミの正負比率」（10:0／8:2／6:4），および「負の e クチコミの掲載順」（先頭／ランダム／末尾）の 3 × 3，従属変数を，「製品評価」に設定したうえで，二元配置分散分析を行った。なお，Levene の等分散検定を行った結果，各被験者グループの分散の間に有意な差は認められなかった。この結果から，各グループの分布の分散の等質性という分散分析の要件に関して問題は見出されなかったと判断され，それゆえ，二元配置分散分析を行うことは妥当であるだろう。

従属変数として「製品評価」を設定した分散分析の結果，モデル全体，各要因の主効果，および 2 要因の交互効果に関する F 値は，**表7-2**に示されるとおりである。

「e クチコミの正負比率」および「負の e クチコミの掲載順」の主効果はそれぞれ有意であるということが示された（$F = 56.88, p < 0.01$; $F = 12.72, p < 0.01$）。さらに 2 要因の交互効果は有意であるということが示された（$F = 3.88, p < 0.01$）。「e クチコミの正負比率」および「負の e クチコミの掲

表7-2　研究5における分散分析の結果

モデルの全体的評価	$F = 19.33^a$
X_1（eクチコミの正負比率）	$F = 56.88^a$
X_2（負のeクチコミの掲載順）	$F = 12.72^a$
$X_1 \times X_2$（eクチコミの正負比率と負のeクチコミの掲載順の交互効果）	$F = 3.88^a$

　（注）^{a} は1％水準で有意。

表7-3　eクチコミの正負比率と負のeクチコミの掲載順別の製品評価の平均値と標準偏差

X_1（eクチコミの正負比率）	10：0	8：2	6：4
平均値（標準偏差）	4.52（0.62）	5.02（0.84）	3.76（0.94）
X_2（負のeクチコミの掲載順）	先頭	ランダム	末尾
平均値（標準偏差）	4.59（1.83）	4.62（1.80）	4.09（1.72）

載順」の主効果は，**表7-3**，**図7-2**，および**図7-3**に示されるとおりであった。

　eクチコミの正負比率が10:0，8:2，および，6:4のときの製品評価の平均値はそれぞれ，4.52（S.D. = 0.62），5.02（S.D. = 0.84），および，3.76（S.D. = 0.94）であった。Tukey の HSD 法による多重比較分析の結果，eクチコミの正負比率が10:0のときと8:2のときの間，8:2のときと6:4のときの間，および，10:0のときと6:4のときの間には，5％水準で有意な差が認められた。これは，第4章の研究2において得られた結果と同様である。したがって，第4章において提唱された，専門性の高い消費者が属性中心的クチコミを読む場合，多数の正のeクチコミの中に一定の割合の負のeクチコミが存在するときの方が，負のeクチコミが全く存在しないときより，その製品に対する評価は高い，という**仮説2.1**は第7章においても支持された。

　さらに，負のeクチコミがまとめて先頭に掲載されるとき，正のeクチコミと負のeクチコミがランダムに掲載されるとき，および，負のeクチコミがまとめて末尾に掲載されるときの製品評価の平均値はそれぞれ，4.59（S.D. = 1.83），4.62（S.D. = 1.80），および，4.09（S.D. = 1.72）であった。Tukey の HSD 法による多重比較分析の結果，負のeクチコミがまとめて先頭に掲載されるときとランダムに掲載されるときの間には，有意な差は認められなかったものの，負のeクチコミがランダムに掲載されるときとまとめ

図7-2 eクチコミの正負比率による製品評価の差異（専門性の高い消費者が属性中心的クチコミを読む場合）

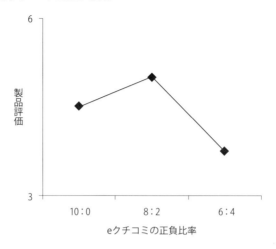

図7-3 負のeクチコミの掲載順による製品評価の差異（専門性の高い消費者が属性中心的クチコミを読む場合）

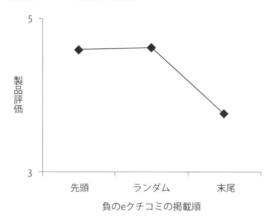

て末尾に掲載されるときの間，および，負のeクチコミがまとめて先頭に掲載されるときとまとめて末尾に掲載されるときの間には，5％水準で有意な差が認められた。したがって，専門性の高い消費者が属性中心的クチコミを読む場合，負のeクチコミがまとめて先頭に掲載されるときの方が，負のeクチコミがまとめて末尾に掲載されるときより，消費者の製品評価は高い，

という**仮説5**は支持された。

● 3.5　考　察

　第7章における分析の結果，専門性の高い消費者が属性中心的クチコミを読む場合，多数の正のeクチコミの中に一定の割合の負のeクチコミが存在するときの方が，負のeクチコミが全く存在しないときより，消費者はその製品を高く評価するということが再び示された。そして，負のeクチコミがまとめて先頭に掲載されるときの方が，負のeクチコミがまとめて末尾に掲載されるときより，消費者の製品評価が高いということが示された。このことから，多数の正のeクチコミの中に存在する一定の割合の負のeクチコミが，まとめて先頭に掲載されるときの方が，まとめて末尾に掲載されるときより，消費者の製品評価に与える正の影響の度合いが大きいということが示唆された。

　さらに，第6章と同様に事前に仮説として設定しなかったが，eクチコミの正負比率と負のeクチコミの掲載順の交互効果が見出された。すなわち，専門性の高い消費者が属性中心的クチコミを読む場合においても，負のeクチコミがまとめて先頭に掲載されるとき，eクチコミの正負比率の差異に伴う消費者の製品評価の差異は大きい一方，逆に，負のeクチコミがまとめて末尾に掲載されるとき，eクチコミの正負比率の差異に伴う消費者の製品評価の差異は小さいということが示唆された。

第4節　研究5の総括

　第6章においては，クチコミ対象製品が快楽財である場合におけるeクチ

コミの掲載順の影響を分析した。第7章は，多数の正のeクチコミの中に存在する一定の割合の負のeクチコミが正の影響を与える別の条件である，専門性の高い消費者が属性中心的クチコミを読む場合に焦点を合わせて，eクチコミの掲載順の違いが消費者の製品評価に与える影響を検討した。分析の結果，専門性の高い消費者が属性中心的クチコミを読む場合においても，多数の正のeクチコミの中に存在する一定の割合の負のeクチコミがまとめて先頭に掲載されるときの方が，正のeクチコミと負のeクチコミがランダムに掲載されるとき，および，負のeクチコミが末尾に掲載されるときより，消費者は製品を高く評価した。したがって，第7章においても，多数の正のeクチコミの中に存在する一定の割合の負のeクチコミが消費者の製品評価に与える正の影響が促進される条件は，負のeクチコミがまとめて先頭に掲載されるときであると結論づけられた。かくして，第6章だけでなく第7章においても，eクチコミの掲載順の違いに伴って，消費者の製品評価も異なるということを示し，1つのウェブページ上における負のeクチコミの存在が消費者行動に与える正の影響が促進される条件を識別することに成功したと考えられる。

第8章

研究6：
負のeクチコミ比率の負の影響が
緩和される条件 I

探索財 対 経験財

第1節　問題意識

　第3章の研究1から第7章の研究5においては，本書の**研究課題(1−i)**および**(1−ii)**に焦点を合わせて，負のeクチコミの存在が消費者の製品評価に正の影響を与える現象がいかなる条件のもとで生起し，また促進されるのかを探究した。

　負のeクチコミの存在が消費者の製品評価に正の影響を与えるという現象に関連して，既存研究において，負の対面クチコミおよび負のeクチコミの影響が緩和されるという現象について議論がなされてきた（Park and Lee, 2009; Sundaram and Webster, 1999）。それらの研究は，負の対面クチコミおよび負のeクチコミの影響を緩和する条件を識別しており，その条件の1つは，クチコミ対象製品が探索財の場合であるということを見出した（Park and Lee, 2009）。しかしながら，既存研究は，消費者が1つのウェブページ上で正あるいは負のeクチコミのどちらか一方を参照して，クチコミ対象製品を評価するという対面クチコミの研究と同様の状況を想定してしまっている。すなわち，消費者が1つのウェブページ上に存在する複数の正と負のクチコミに同時に露出することができるというeクチコミに特有の特徴を考慮に入れていない。

　負のeクチコミの影響を緩和する条件を識別した既存研究の知見に基づけば，1つのウェブページ上に存在する負のeクチコミの比率に従って消費者行動が受ける負の影響も緩和されるかもしれない。それにもかかわらず，eクチコミの正負比率に着目した希少な先行研究は，クチコミ対象製品が探索財である場合と経験財である場合のどちらか一方しか考慮に入れていない（Chiou and Cheng, 2003; Lee, Park, and Han, 2008）。すなわち，探索財と経験財というクチコミ対象製品の種類の差異に伴う，eクチコミの正負比率の影響の差異を分析対象として考慮していない。そのため，1つのウェブページ

上に存在する負のeクチコミの比率の影響がいかなる条件のもとで緩和されるのかということについては検討されていない。

　この問題点に対応するため，本書の**研究課題(1-iii)**に焦点を合わせて，「消費者が1つのウェブページ上で複数の正と負のeクチコミに同時に露出する状況において，そのページ上における負のeクチコミの比率が消費者の製品評価に与える影響は，いかなる条件のもとで緩和されるのか」を探究する。その際，第8章では，製品特性として，探索財と経験財というクチコミ対象製品の種類を考慮に入れる。具体的には，1つのウェブページ上における正のeクチコミと負のeクチコミの比率が10:0，8:2，および，6:4のとき，クチコミ対象製品が探索財である場合と経験財である場合というクチコミ対象製品の種類の差異に伴って，消費者の製品評価がどのように異なるのかを検討する。

第2節　既存研究レビュー

　探索財と経験財という製品の種類，および，その種類の差異に伴う消費者行動の差異は，もともと経済学の分野において議論されてきたが（Nelson, 1970, 1974），マーケティングの分野においても頻繁に議論されてきた（e.g., Bloom and Pailin, 1995; Ford, Smith, and Swasy, 1990; Wright and Lynch, 1995）。そして，その議論の対象は，製品の種類の差異に伴う，ウェブページ上での消費者行動の差異にも及んでいる。eクチコミに関する研究領域においては，探索財と経験財というクチコミ対象製品の種類の差異に伴う，eクチコミの影響の差異が議論されてきた（e.g., Park and Lee, 2009; Xia and Bechwati, 2008）。

　探索財と経験財というクチコミ対象製品の種類とeクチコミの正負の符号が消費者の製品評価に与える影響を検討した研究として，Park and Lee

（2009）が挙げられる。彼らは，実験対象製品の選定に際して，Nelson（1974）に依拠して，製品購買・使用前に品質評価を行うことができる製品を探索財，また，製品購買・使用前に品質評価を行うことができない製品を経験財と見なした。分析の結果，クチコミ対象製品の種類にかかわらず，正のeクチコミの影響の度合いと負のeクチコミの影響の度合いの間には有意な差が認められ，負のeクチコミの影響の度合いの方が，正のeクチコミの影響の度合いより大きいということが見出された。そして，クチコミ対象製品の種類とeクチコミの正負の符号との間には交互効果が見出された。すなわち，経験財に関するeクチコミの方が，探索財に関するeクチコミより，消費者の製品評価に与える影響の度合いが大きかった。それゆえ，経験財の方が，探索財より，負のeクチコミの影響を受けやすいということが示唆された。これは，経験財に関する情報および知識が不足しがちなので，消費者が購買に対して高水準の知覚リスクを抱いてしまうためであると，Park and Lee（2009）は指摘している。消費者は，他人の製品経験が記述されたeクチコミを参照することによって，そうした知覚リスクを減じようとすると考えられる。そのため，クチコミ対象製品が，購買前に品質評価を行いにくい経験財である場合の方が，品質評価を行いやすい探索財である場合より，eクチコミの影響を受けやすいと主張されたのである。

　Park and Lee（2009）と同様に，探索財と経験財というクチコミ対象製品の種類とeクチコミの正負の符号に着目しつつ，eクチコミが消費者の認知的個人化にいかなる影響を与えるかを検討したのが，Xia and Bechwati（2008）である。ただし，認知的個人化とは，クチコミで説明されている状況が自身にも生じそうであると，受信者である消費者が感じる程度である。

　分析の結果，クチコミ対象製品が経験財である場合の方が，探索財である場合より，eクチコミを読んだ消費者の認知的個人化の水準が高いということが見出された。すなわち，クチコミ対象製品の品質評価を行おうとする際，経験財に関するクチコミを読んだ消費者の方が，探索財に関するクチコミを読んだ消費者より，クチコミで記述されている内容を自身と強く結びつけて受け取りやすいということが示唆された。さらに，クチコミ対象製品が探索財である場合，負のeクチコミの方が，正のeクチコミより，高水準の認知

的個人化をもたらすということが見出された。しかしながら，クチコミ対象製品が経験財である場合には，正のeクチコミと負のeクチコミの間で，認知的個人化の水準に有意な差は認められなかった。すなわち，探索財に関する負のeクチコミの方が，探索財に関する正のeクチコミより，そのクチコミに記述されているような否定的な製品経験が自身にも起こりそうであると，消費者に感じさせるということが示唆された。探索財に関する結果は，負のクチコミの影響の度合いの方が，正のクチコミの影響の度合いより大きいという既存研究の主張とおおむね一致しているということが確認されたものの，経験財に関して同様の結果を得られなかったことを，Xia and Bechwati は自身の研究の限界として捉えているが，クチコミ対象製品が探索財である場合と経験財である場合の間で，認知的個人化に与えるeクチコミの正負の符号の影響が異なっていたことは，注目に値するだろう。

　Park and Lee（2009）や Xia and Bechawati（2008）は，探索財と経験財というクチコミ対象製品の種類の差異に伴って，eクチコミの正負の符号が消費者行動に与える影響も異なるということを見出した。しかしながら，彼らは，1つのウェブページ上で消費者が正あるいは負のeクチコミのどちらか一方を参照するような状況を想定しており，消費者が1つのウェブページ上で複数の正と負のeクチコミに同時に露出することができるというeクチコミに特有の特徴を考慮に入れていない。一方，そうしたeクチコミに特有の特徴を，eクチコミの正負比率という変数として考慮に入れた先行研究は，探索財と経験財というクチコミ対象製品の種類の差異に伴う，eクチコミの正負比率の影響の差異を分析対象として考慮していない。すなわち，eクチコミの正負比率に着目した研究は，クチコミ対象製品がMP3プレーヤー（Lee, *et al.*, 2008）や携帯電話（Chiou and Cheng, 2003）といった探索財である場合と，クチコミ対象製品がホテル（Purnawirawan, De Pelsmacker, and Dens, 2012）といった経験財である場合のどちらか一方しか想定していない。

　そこで，第8章は，消費者が1つのウェブページ上に存在する複数の正と負のeクチコミに同時に露出する状況を想定したうえで，クチコミ対象製品が探索財である場合と経験財である場合の間で，eクチコミの正負比率が消費者の製品評価に与える影響がどのように異なるのかを検討する。

第3節　仮説の提唱

　探索財とは，消費者が製品を直接的に経験したことがなくても，その製品の品質を事前に評価できる製品である（Nelson, 1970, 1974）。すなわち，その製品がどの程度の品質を持っているのかを評価するのに必要な情報を多様な情報源から容易に取得可能であるため，消費者が購買前にある程度自力で品質評価を行える製品である。クチコミ対象製品が探索財である場合，消費者は，その製品の品質評価を行うために必要な情報を取得しやすいため，見ず知らずの他人の製品評価が記述されたeクチコミを参照しようとせずに，自力で評価を下そうとする。それゆえ，1つのウェブページ上に一定の比率の負のeクチコミが存在したとしても，その負のeクチコミが一定の比率を超えて増えすぎない限りは，そのページ上に存在する負のeクチコミ1個あたりの影響の度合いは微小であるため，消費者は負のeクチコミの負の影響を受けにくい。そのため，クチコミ対象製品が探索財である場合の方が，経験財である場合より，1つのウェブページ上に存在する負のeクチコミの影響を受けて，その製品に対する評価は多少低下するものの，評価が低下する度合いは小さいと考えられる。

　しかしながら，1つのウェブページ上に存在する負のeクチコミの比率があまりにも高くなると，消費者は，そのウェブページ外の情報源から取得した情報に基づいて自力で品質評価を行って下した判断について再検討をし始めると考えられる。それゆえ，消費者は，負のeクチコミに記述された他人の否定的な製品経験が自身にも起こりそうだと感じやすくなり（Xia and Bechwati, 2008），それらの負のeクチコミを考慮に入れ始めるため，負のeクチコミの影響を受ける。このように，消費者の情報露出が製品評価に与える影響に閾値があるということは，既存研究（Asch, 1956）によっても古くから主張されている。ゆえに，1つのウェブページ上に存在する負のeクチ

コミの比率の増加に伴って，探索財に対する消費者の評価が低下する程度は大きくなるだろう。したがって，以下の仮説を提唱する。

仮説6.1
クチコミ対象製品が探索財である場合，1つのウェブページ上に存在する負のｅクチコミの比率の増加に伴って，その製品に対する消費者の評価は，低下率を増やしながら低下する

　一方，経験財とは，製品の直接的な経験を通じてのみ，その製品の品質を評価できる製品である（Nelson, 1970, 1974）。すなわち，製品を経験しなければ品質評価に必要な情報を取得できないため，消費者が購買前にその製品の品質評価を自力で行えない製品である。既存研究によると，消費者は，自力で品質評価を行うことができないため，探索財の場合より，経験財に関するｅクチコミの影響を受けやすいという（Park and Lee, 2009）。さらに，経験財に関するｅクチコミは，ｅクチコミの正負の符号にかかわらず，他人の製品経験あるいは評価が記述されたｅクチコミの内容が自身にも起こりそうであると，消費者に感じさせるという（Xia and Bechwati, 2008）。

　これらの研究知見を踏まえると，クチコミ対象製品が経験財である場合，消費者は，その製品がどの程度の品質を持った製品であるかを評価するのに必要な情報および知識を持ち合わせていないため，自力で評価を下すことができず，他人の製品評価が記述されたｅクチコミを参照しようとする。1つのウェブページ上に負のｅクチコミが存在するとき，そのウェブページを閲覧した消費者は，他人の否定的な製品評価が記述された負のｅクチコミを鵜呑みにしてしまうため，その負のｅクチコミの負の影響を受けやすいだろう。そのため，クチコミ対象製品が経験財である場合，探索財である場合より，1つのウェブページ上に存在する負のｅクチコミの負の影響を受けて，その製品に対する消費者の評価が低下する度合いは大きいと考えられる。

　さらに，消費者は，ｅクチコミの正負の符号にかかわらず，経験財に関するｅクチコミの影響を受けやすいため，1つのウェブページ上に存在する負のｅクチコミの比率の増減にかかわらず，経験財に対する消費者の評価が低

図8-1　研究6の概念モデル

下する度合いは，一定であるだろう。したがって，以下の仮説を提唱する。

仮説6.2

クチコミ対象製品が経験財である場合，1つのウェブページ上に存在する負のeクチコミの比率の増加に伴って，その製品に対する消費者の評価は低下する

また，第8章における概念モデルは，**図8-1**に示されるとおりである。

第4節　分　　析

 **実験の概要**

第3節において提唱した**仮説6.1**と**仮説6.2**の経験的妥当性を検討するために，分析を行う。第8章の分析は，Lee, *et al.*（2008）および Park and Lee（2009）において採用されたリサーチデザインに準拠した。既存研究は，実験室実験を行い，消費者データを収集した。実験に際して，仮想のクチコミサイトを作成し，被験者にはその中の1つのウェブページを閲覧してもらった。そのうえで，質問項目に回答してもらうことによって，消費者データを収集

した。第8章においても，消費者データを収集するために実験室実験を行う。

　実験に際して，eクチコミの正負比率（10:0／8:2／6:4），およびクチコミ対象製品の種類（探索財／経験財）を操作した3×2種類，すなわち，全6種類のウェブページを作成した。既存研究で用いられた実験対象製品を踏まえて，第8章では，探索財として家庭用エアコンを，経験財として英会話学習用ソフトウェアをそれぞれ用いた[1]。実験対象製品には，仮想のブランド名を用いた。実験用のウェブページは，いずれも，左角にサイト名，左上部に製品の写真が掲載され，右上部に製品ブランド名，および，簡単な製品説明が掲載されるというレイアウトに設定した。そして，製品の写真および製品の情報の下には，10個のeクチコミを配置した。eクチコミの正負比率が10:0であるときには，10個の正のeクチコミを，8:2であるときには，8個の正のeクチコミと2個の負のeクチコミを，6:4であるときには，6個の正のeクチコミと4個の負のeクチコミを各ページ上に掲載した[2]。なお，正のeクチコミと負のeクチコミの掲載順は，ランダムに設定した。

　実験に参加した被験者は，大学生および大学院生300名であった。被験者には，作成した6種類のウェブページのうち，無作為に割り当てられた1種類のページを閲覧してもらった。そして，ページ上に掲載されたクチコミ対象製品に関するeクチコミを読んだ後，調査票に回答してもらった。調査票は，従属変数を測定するための「製品に対する態度」と「購買意図」に関する質問項目，およびマニピュレーション・チェックを行うための「ウェブページ上の正のeクチコミの知覚量」に関する質問項目から構成された。なお，「製品に対する態度」とは，被験者がクチコミ対象製品に対して好意的である程度を意味する変数であり，「購買意図」とは，被験者がクチコミ対象製品を購買しようとする程度を意味する変数である。また，「ウェブページ上の正のeクチコミの知覚量」とは，閲覧するウェブページ上に正のeクチコミがどれくらい存在すると被験者が知覚したかを意味する変数である。

4.2　測定尺度

　「製品に対する態度」は，Alpert and Kamins（1995）によって開発された

表8-1　研究６における構成概念と質問項目

構成概念・質問項目	α係数	CR	AVE
製品に対する態度 クチコミされている商品は， Y_1：低品質である－高品質である。 Y_2：特徴がない－特徴的である。 Y_3：信頼できない－信頼できる。 Y_4：退屈である－わくわくする。 Y_5：野暮ったい－洗練されている。 Y_6：劣っている－優れている。	0.87	0.88	0.62
購買意図 Y_7：クチコミされている商品を買う可能性は高い。 Y_8：クチコミされている商品を買う。 Y_9：クチコミされている商品を試しに買う。 Y_{10}：友人に，クチコミされている商品を買うことを助言する。	0.88	0.87	0.54
ウェブページ上の正のeクチコミの知覚量 X_1：この商品の悪いクチコミの数は少ない。 X_2：この商品の悪いクチコミの数は微々たるものだ。 X_3：この商品には良いクチコミしか存在しない。	0.85	0.85	0.66

　６つの質問項目を用いて，７点セマンティック・ディフェレンシャル尺度によって測定した。「購買意図」は，Sundaram and Webster（1999）に基づいて独自に開発した４つの質問項目を用いた。「ウェブページ上の正のeクチコミの知覚量」については，独自に開発した３つの質問項目を用いた。「購買意図」，および「ウェブページ上の正のeクチコミの知覚量」の質問項目は，いずれも７点リカート尺度（「１＝全くそう思わない」から「７＝非常にそう思う」）によって測定された。なお，調査に用いた質問項目は，**表8-1**に示されるとおりであった。

　尺度の信頼性を表わすクロンバックのα係数の値は，「製品に対する態度」，「購買意図」，および「ウェブページ上の正のeクチコミの知覚量」について，それぞれ0.87，0.88，および0.85であり，0.70以上という基準値を満たしていた（Nunnally and Bernstein, 1994）。同様に，尺度の信頼性を表わす合成信頼性（CR）の値は，それぞれ0.88，0.87，および0.85であり，既存研究が推奨する0.60以上という基準値を満たしていた（Bagozzi and Yi, 1988）。さらに，尺度の妥当性を示すための指標である平均分散抽出度（AVE）は，それぞれ0.62，0.54，および0.66であり，既存研究が推奨する0.50以上という基

準値を満たしていた（Bagozzi and Yi, 1988）。

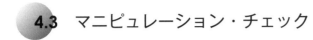

4.3　マニピュレーション・チェック

　実験室実験において提示されたウェブページ上の正のeクチコミの知覚量に関して，被験者が回答したデータを用いて一元配置分散分析を行った。分析の結果，eクチコミの正負比率が10:0，8:2，および6:4のときにおける，ウェブページ上の正のeクチコミの知覚量に関する平均値は，それぞれ，4.77（S.D. = 1.14），3.86（S.D. = 0.98），および3.05（S.D. = 1.03）であった。さらに，TurkeyのHSD法による多重比較分析を行った。分析の結果，eクチコミの正負比率が10:0のときと8:2のときの間，8:2のときと6:4のときの間，および10:0のときと6:4のときの間には，いずれも1％水準で有意な差が認められた。したがって，eクチコミの正負比率に関する操作は妥当に行われたと判断できるだろう。

4.4　分析結果

　実験室実験で収集した消費者データを用いて，独立変数を，「eクチコミの正負比率」（10:0／8:2／6:4），および「クチコミ対象製品の種類」（探索財／経験財）の3×2，従属変数を，「製品に対する態度」および「購買意図」に設定したうえで，二元配置分散分析を行った。なお，Leveneの等分散検定を行った結果，各被験者グループの分散の間に有意な差が認められなかった。この結果から，各グループの分布の分散の等質性という分散分析の要件に関して問題は見出されなかったと判断され，それゆえ，二元配置分散分析を行うことは妥当であるだろう。

　従属変数として「製品に対する態度」と「購買意図」を設定した分散分析の結果，モデルの全体，各要因の主効果，および2要因の交互効果に関するF値は，**表8-2**に示されるとおりである。

　「製品に対する態度」に関して，「eクチコミの正負比率」の主効果は有意である一方（$F = 50.43, p < 0.01$），「クチコミ対象製品の種類」の主効果は非

表8-2　研究6における分散分析の結果

	製品態度	購買意図
モデルの全体的評価	$F = 14.82^{a}$	$F = 4.86^{a}$
X_1 (eクチコミの正負比率)	$F = 50.43^{a}$	$F = 18.33^{a}$
X_2 (クチコミ対象製品の種類)	$F = 0.52$	$F = 0.70$
$X_1 \times X_2$ (eクチコミの正負比率とクチコミ対象製品の種類の交互効果)	$F = 4.43^{b}$	$F = 2.57^{c}$

（注）^{a} は1％水準で有意，^{b} は5％水準で有意，^{c} は10％水準で有意，無印は非有意。

表8-3　eクチコミの正負比率とクチコミ対象製品の種類別の製品評価の平均値と標準偏差

				X_1 (eクチコミの正負比率)		
				10：0	8：2	6：4
Y_1 (製品態度)	X_2 (クチコミ対象製品の種類)	探索財	平均値（標準偏差）	5.15 (0.82)	4.70 (0.70)	3.70 (0.92)
		経験財	平均値（標準偏差）	4.92 (0.99)	4.40 (1.00)	4.03 (0.87)
Y_2 (購買意図)	X_2 (クチコミ対象製品の種類)	探索財	平均値（標準偏差）	4.37 (1.26)	4.22 (1.26)	3.36 (1.39)
		経験財	平均値（標準偏差）	4.56 (1.19)	3.63 (1.37)	3.38 (1.24)

有意であるということが示された（$F = 0.52, p > 0.10$）。さらに，2要因の交互効果は有意であるということが示された（$F = 4.43, p < 0.05$）。同様に，「購買意図」に関して，「eクチコミの正負比率」の主効果は有意である一方（$F = 18.33, p < 0.01$），「クチコミ対象製品の種類」の主効果は非有意であるということが示された（$F = 0.70, p > 0.10$）。さらに，2要因の交互効果は有意であるということが示された（$F = 2.57, p < 0.10$）。

　「製品に対する態度」および「購買意図」におけるeクチコミの正負比率とクチコミ対象製品の種類の交互効果は，**表8-3**，**図8-2**，および**図8-3**に示されるとおりであった。

　クチコミ対象製品が探索財である場合，eクチコミの正負比率が10:0，8:2，および，6:4のとき，「製品に対する態度」の平均値は，それぞれ5.15（S.D. = 0.82），4.70（S.D. = 0.70），および，3.70（S.D. = 0.92）であった。

図8-2 eクチコミの正負比率とクチコミ対象製品の種類（探索財／経験財）の交互効果（Y_1：製品に対する態度）

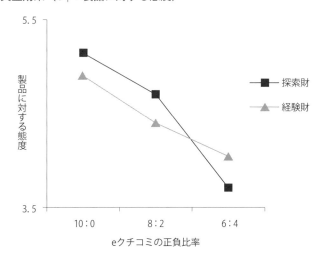

図8-3 eクチコミの正負比率とクチコミ対象製品の種類（探索財／経験財）の交互効果（Y_2：購買意図）

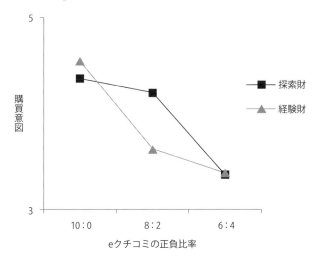

Turkey の HSD 法による多重比較分析の結果，e クチコミの正負比率が10：0のときと8:2のときの間には，有意な差は認められず，8:2のときと6:4のと

きの間，および10:0のときと6:4のときの間には，1％水準で有意な差が認められた。同様に，クチコミ対象製品が探索財である場合，eクチコミの正負比率が10:0，8:2，および，6:4のとき，「購買意図」の平均値は，それぞれ4.37（S.D. = 1.26），4.22（S.D. = 1.26），および，3.36（S.D. = 1.39）であった。Turkey の HSD 法による多重比較分析の結果，eクチコミの正負比率が10:0のときと8:2のときの間には，有意な差は認められず，8:2のときと6:4のときの間，および10:0のときと6:4のときの間には，1％水準で有意な差が認められた。すなわち，クチコミ対象製品が探索財である場合，1つのウェブページ上に存在する負のeクチコミの比率の増加に伴って，「製品に対する態度」および「購買意図」は低下率を増やしながら低下するということが示された。したがって，クチコミ対象製品が探索財である場合，1つのウェブページ上に存在する負のeクチコミの比率の増加に伴って，その製品に対する消費者の評価は，低下率を増やしながら低下する，という**仮説6.1**は支持された。

　クチコミ対象製品が経験財である場合，eクチコミの正負比率が10:0，8:2，および，6:4のとき，「製品に対する態度」の平均値は，それぞれ4.92（S.D. = 0.99），4.40（S.D. = 1.00），および，4.03（S.D. = 0.87）であった。Turkey の HSD 法による多重比較分析の結果，10:0のときと8:2のときの間，8:2のときと6:4のときの間，および10:0のときと6:4のときの間には，いずれも5％水準で有意な差が認められた。同様に，クチコミ対象製品が経験財である場合，eクチコミの正負比率が10:0，8:2，および，6:4のとき，「購買意図」の平均値は，それぞれ4.56（S.D. = 1.19），3.63（S.D. = 1.37），および，3.38（S.D. = 1.24）であった。Turkey の HSD 法による多重比較分析の結果，eクチコミの正負比率が8:2のときと6:4のときの間には，有意な差は認められず，10:0のときと8:2のときの間，および10:0のときと6:4のときの間には，1％水準で有意な差が認められた。すなわち，クチコミ対象製品が経験財である場合，1つのウェブページ上に存在する負のeクチコミの比率の増加に伴って，「製品に対する態度」は低下するということが示された一方，「購買意図」は低下率を減らしながら低下するということが示された。したがって，クチコミ対象製品が経験財である場合，1つのウェブページ上

に存在する負のeクチコミの比率の増加に伴って，その製品に対する消費者の評価は低下する，という**仮説6.2**は部分的に支持された。

4.5　考　察

　分析の結果，クチコミ対象製品が探索財である場合，1つのウェブページ上に存在する負のeクチコミの比率の増加に伴って，その製品に対する消費者の評価は，低下率を増やしながら低下するということが示された。さらに，クチコミ対象製品が経験財である場合，1つのウェブページ上に存在する負のeクチコミの比率の増加に伴って，その製品に対する消費者の態度は低下するということが示された。すなわち，探索財に関する負のeクチコミの影響の度合いは，1つのウェブページ上に存在する負のeクチコミの比率の増加に伴って逓増している一方，経験財に関する負のeクチコミの影響の度合いは，1つのウェブページ上に存在する負のeクチコミの比率の増減にかかわらず一定であるということが示唆された。このことから，1つのウェブページ上に存在する負のeクチコミの比率に従ってもたらされる負の影響が緩和される条件は，クチコミ対象製品が探索財である場合であると結論づけられた。

　クチコミ対象製品が経験財である場合，1つのウェブページ上に存在する負のeクチコミの比率の増加に伴って，購買意図は低下率を減らしながら低下するという興味深い結果が得られた。これは，クチコミ対象製品が経験財である場合，消費者は，eクチコミの正負の符号にかかわらず，eクチコミの影響を受けやすいという既存研究の主張とは異なる結果であった。このことから，eクチコミの正負比率の差異に伴って，経験財に関する正のeクチコミが購買意図に与える影響の度合いと負のeクチコミが与える影響の度合いは異なるということが示唆された。これは，1つのウェブページ上に存在する負のeクチコミの比率の増加に伴って，増加した分の負のeクチコミによる影響の度合いは小さくなる傾向があるということである。こうした結果が得られたのは，1つのウェブページ上に一定の比率の負のeクチコミが存在するときの方が，負のeクチコミが全く存在しないときより，消費者は，

クチコミ対象製品が低品質であるという判断を下して，購買意図をより低く形成しようとするからであると考えられる。そして，1つのウェブページ上に一定の比率の負のeクチコミが存在するとき，消費者の購買意図はすでに低いため，負のeクチコミが一定の比率を超えて増加しても，消費者の購買意図はそれほど低下しなかったと考えられる。

第5節　研究6の総括

　前章までの一連の研究は，多数の正のeクチコミの中に存在する一定の割合の負のeクチコミが消費者の製品評価に逆説的に正の影響を与えるという現象に着目して，その現象が生起・促進する条件を識別した。そうした現象と関連して，負のeクチコミの負の影響が緩和されるという現象に着目し，その現象が生起する条件の1つとして，クチコミ対象製品が探索財の場合であるということを示した既存研究が存在する（Park and Lee, 2009）。しかしながら，既存研究は，消費者が1つのウェブページ上に存在する複数のeクチコミに同時に露出することができるというeクチコミに特有の特徴を考慮に入れていなかった。既存研究の知見に基づけば，1つのウェブページ上において負のeクチコミが存在する比率に従って消費者行動にもたらされる負の影響が緩和されるという現象が生じる可能性があるにもかかわらず，eクチコミの正負比率に関する先行研究は，探索財あるいは経験財のどちらか一方のクチコミ対象製品しか考慮していなかった。

　第8章は，そうした既存研究の課題に対応して，1つのウェブページ上に存在する負のeクチコミの比率に従ってもたらされる負の影響が緩和される条件の識別を試みた。具体的には，探索財と経験財というクチコミ対象製品の種類が，eクチコミの正負比率と消費者の製品評価の関係に対していかな

る調整効果をもたらすのかを検討した。

　分析の結果，クチコミ対象製品が探索財である場合，1つのウェブページ上に存在する負のeクチコミの比率の増加に伴って，その製品に対する消費者の評価は，低下率を増やしながら低下した一方，クチコミ対象製品が経験財である場合，1つのウェブページ上に存在する負のeクチコミの比率の増加に伴って，製品に対する消費者の態度は低下した。したがって，1つのウェブページ上に存在する負のeクチコミの比率に従ってもたらされる負の影響が緩和される条件は，クチコミ対象製品の種類が探索財の場合であると結論づけられた。第8章は，消費者が1つのウェブページ上に存在する複数の正と負のeクチコミに対して同時に情報処理する状況を想定したうえで，クチコミ対象製品が探索財である場合の方が，経験財である場合より，負のeクチコミの存在が与える負の影響がより緩和されるということを示した点において，既存研究に対して一定の貢献を成したと考えられる。

［付記］　第8章は以下の既発表論文を再編・加筆・修正したものである。
菊盛真衣（2015）「eクチコミ正負比率の影響における製品間差異 ――探索財 対 経験財――」『市場創造研究』，第4巻，pp. 5-14。

(1) 実験対象の探索財として家庭用エアコンを，経験財として英会話ソフトを使用したのは，被験者である大学生が購買する可能性がある製品であることや，製品を購買する際に事前に情報収集を行う可能性が高い製品であること，また過去の購買経験や製品知識がそれほど多くない製品であることが理由として挙げられる。
(2) 実験で使用した家庭用エアコンに関する正のeクチコミとして，例えば「基本性能が十分であることに加えて，局所冷暖房機能にも満足です。我が家の空調のクオリティが想像以上に上がって満足しています。」というメッセージを，負のeクチコミとして，例えば「風が軽く重さがないので，全体が冷えるのに時間が掛かるように感じます。あまりお勧めはできないです。」というメッセージを用いた。他方，英会話ソフトに関する正のeクチコミとして，「多彩な機能で至れり尽くせりという感じです。リスニングもスピーキングも伸びていく実感があります。思っていたより良い商品です。」というメッセージを，負のeクチコミとして，「初心者にはあまり向いていない気がします。音声認識も甘いのか厳しいのか高確率でエラーが起きて使いにくいです。」というメッセージを用いた。

第9章

研究7：
負のeクチコミ比率の負の影響が
緩和される条件Ⅱ

消費者の精通性に着目して

第1節　問題意識

　第8章の研究6においては，製品特性として，探索財／経験財というクチ
コミ対象製品の種類に焦点を合わせて，1つのウェブページ上に存在する負
のeクチコミの比率に従ってもたらされる負の影響が緩和される条件の識別
を試みた。しかしながら，既存研究において，負の対面クチコミの負の影響
が緩和される別の条件として，消費者のクチコミ対象ブランドの精通性が高
い場合であるということも見出された（Sundaram and Webster, 1999）。この
研究によると，消費者が精通しているブランドに関する負のクチコミはその
ブランドに対する評価をそれほど減じない一方，消費者が精通していないブ
ランドに関する負のクチコミはそのブランドに対する評価を大きく低下させ
るという。この知見に基づけば，ブランド精通性は負のeクチコミに露出し
た消費者のブランド評価に影響を与え，ブランド精通性が高い場合には，負
のeクチコミの影響は緩和されるかもしれない。しかしながら，既存研究に
おいて，eクチコミの影響に対して，ブランド精通性がいかなる影響を与え
るのかは検討されていない。

　したがって，第9章では，第8章に続いて本書の**研究課題(1−iii)**に焦点を合
わせて，「消費者が1つのウェブページ上で複数の正と負のeクチコミに同時に
露出する状況において，そのページ上における負のeクチコミの比率が消費者の
製品評価に与える影響は，いかなる条件のもとで緩和されるのか」を探究する。
その際，第8章においては，製品特性として探索財／経験財というクチコミ対象
製品の種類を考慮に入れたのとは異なり，第9章においては，受信者特性として，
受信者である消費者のブランド精通性を考慮に入れる。具体的には，1つのウェ
ブページ上における正のeクチコミと負のeクチコミの比率が10:0，8:2，およ
び6:4であるとき，消費者がクチコミ対象製品のブランドをよく知っている場合
と，消費者がそのブランドをあまり知らない場合というブランド精通性の差異に

伴って，消費者のブランド評価がどのように異なるのかを検討する。

第2節　既存研究レビュー

　クチコミ対象製品のブランド精通性に着目し，クチコミの正負の符号が消費者のブランド評価に与える影響を検討した研究として，Sundaram and Webster（1999）が挙げられる。彼らは，クチコミ対象製品のブランド精通性，およびクチコミの正負の符号が，ブランド態度および購買意図によって測定されるブランド評価因子にいかなる影響を与えるのかを検討した。ただし，ブランド精通性とは，消費者がブランドについての知識を持っており，ブランドのことを知っている程度である。

　分析の結果は，**図9‑1**に示されるとおりであった。**図9‑1**のとおり，精通性の高いブランドの方が，精通性の低いブランドより，ブランド評価は高かった。正のクチコミを読んだ消費者のブランド評価は，負のクチコミを読んだ消費者のブランド評価より高かったことから，正のクチコミはブランド評価に正の影響を，それとは逆に，負のクチコミはブランド評価に負の影響を与えると結論づけられた。そして，正のクチコミを読んだ消費者と負のクチコミを読んだ消費者のブランド評価の値から，クチコミを読んでいない消費者のブランド評価の値を差し引いた差分に着目することによって，負のクチコミの影響の度合いの方が，正のクチコミの影響の度合いより大きいということが見出された。さらに，ブランド精通性とクチコミの正負の符号との間に交互効果が見られた。すなわち，ブランド精通性の差異に伴って，ブランド評価に対する正のクチコミの正の影響，および，負のクチコミの負の影響が異なるということが見出された。具体的には，精通性の低いブランドの方が，精通性の高いブランドより正のクチコミの影響を受けやすく，負のクチ

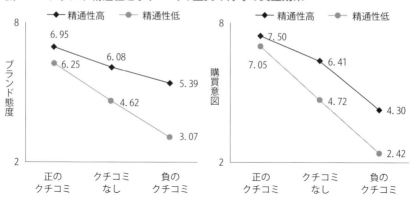

図9-1 ブランド精通性とクチコミの正負の符号の交互効果

（出所）Sundaram and Webster（1999），pp.667-668. 邦訳は筆者による。

コミの影響を受けやすかった。このことから，精通性の高いブランドと精通性の低いブランドが，同水準の正のクチコミおよび負のクチコミを受けたとき，精通性の高いブランドの方が，精通性の低いブランドより，クチコミによるブランド評価の変容を受けにくいと結論づけられた。

かくして，精通性の高いブランドの方が，精通性の低いブランドより，負のクチコミの負の影響を受けにくいことから，負のクチコミに対する「耐性」を有しているということを，Sundaram and Webster（1999）は示唆している。すなわち，消費者は，自身のよく知るブランドに関する負のクチコミに露出したとしても，そのブランドに対してもともと抱いていた態度を大きく変容させることはないということが示唆されたのである。しかしながら，Sundaram and Webster は，対面クチコミを研究対象としており，消費者が正のクチコミあるいは負のクチコミのどちらか一方を友人から対面で受け取るという状況を想定している。すなわち，彼らは，消費者が1つのウェブページ上における複数の正と負のeクチコミに同時に露出するという状況を想定したうえで，クチコミ対象製品のブランド精通性が，消費者のブランド評価にいかなる影響を与えるのかという問題を探究していない。そこで，第9章では，消費者が1つのウェブページ上に存在する複数の正と負のeクチコミに同時に露出する状況を想定したうえで，クチコミ対象製品のブランド精

通性が高い場合と低い場合の間で，eクチコミの正負比率が消費者のブラン
ド評価に与える影響がどのように異なるのかを検討する。

第3節　仮説の提唱

　ブランド精通性が高い消費者は，そのブランドを使用するといった直接的
な経験や，そのブランドの広告を視聴するといった間接的な経験に基づいて，
そのブランドに関する知識を豊富に持っている（Alba and Hutchison, 1987）。
そして，そのような消費者は，自身がすでに持っているブランド関連の知識
を用いて，自身の態度と一貫するような情報処理を行うため，クチコミの影
響を受けても，自身がすでに下していたブランドに対する評価を変容させに
くいという（Sundaram and Webster, 1999）。クチコミ対象製品のブランド精
通性が高い場合，消費者はブランド評価を行う際，そのブランドに関してす
でに持っている知識を用いようとするため，見ず知らずの他人の評価が記述
されたeクチコミを参照しようとしない。それゆえ，１つのウェブページ上
に一定の比率の負のeクチコミが存在したとしても，その負のeクチコミが
一定の比率を超えて増えすぎない限りは，増加した分の負のeクチコミの負
の影響の度合いは小さいだろう。そのため，クチコミ対象製品のブランド精
通性が高い場合の方が，低い場合より，１つのウェブページ上に存在する負
のeクチコミの影響を受けて，そのブランドに対する評価は多少低下するも
のの，評価が低下する度合いは小さいと考えられる。

　しかしながら，１つのウェブページ上に存在する負のeクチコミが一定の
比率を超えて増えすぎると，ブランド精通性の高い消費者であっても，負の
eクチコミの影響を受けやすくなると考えられる。Sundaram and Webster
（1999）は，負のeクチコミへの露出を繰り返したり，複数の人から負のe

クチコミを受け取ったりするような状況を想定して分析を行ってはいないが，そうした状況においては，ブランド精通性の高い消費者であっても，そのブランドに対する評価が大きく減じられる可能性があるということを指摘している。その指摘を踏まえると，1つのウェブページ上に存在する負のeクチコミが一定の比率を超えた場合，自身のすでに持っているブランド関連の知識だけでなく負のeクチコミも考慮に入れて，そのブランドを評価しようとするため，負のeクチコミの負の影響を受けやすくなるだろう。すなわち，1つのウェブページ上に存在する負のeクチコミの比率の増加に従って，増加した分の負のeクチコミの影響を受けて，そのブランドに対する評価が低下する度合いは大きくなると考えられる。したがって，以下の仮説を提唱する。

仮説7.1
クチコミ対象製品のブランド精通性が高い場合，1つのウェブページ上に存在する負のeクチコミの比率の増加に伴って，そのブランドに対する消費者の評価は，低下率を増やしながら低下する

　一方，ブランド精通性が低い消費者は，そのブランドに関する経験および知識が不足しているため，そのブランドに対する態度を形成できていない（Alba and Hutchison, 1987）。そのため，ブランド精通性が低い消費者は，ブランドを評価するために必要な知識を得ようとして，他の消費者が発信したクチコミに露出すると，そのクチコミの影響を受けてブランドに対する評価を変容させやすい（Sundaram and Webster, 1999）。すなわち，クチコミ対象ブランドの精通性が低い消費者は，自身のあまり知らないブランドに関する負のクチコミに露出すると，そのブランドに対する評価を大きく低下させてしまう。これは，負のクチコミが，そのブランドに関する知識不足に由来する不確実性やブランド選択に伴うリスクを高める情報として，消費者がそのブランドを選択することに対する確信を低減させ，ブランド評価を低下させるためであると考えられる。
　クチコミ対象製品のブランド精通性が低い場合，消費者はブランド評価を行う際，そのブランドに関する知識不足を補おうとして，他人の評価が記述

図9-2 研究7の概念モデル

されたeクチコミを新しい情報として見なして，積極的に参照しようとする。
それゆえ，1つのウェブページ上に負のeクチコミが存在するとき，そのウェ
ブページを閲覧した消費者は，他人の否定的な評価が記述された負のeクチ
コミの影響を受けて，精通性の低いブランドに対する評価を低下させやす
いだろう。そして，消費者はeクチコミの正負の符号にかかわらず，精通性
の低いブランドに関するeクチコミの影響を受けやすいため，1つのウェブ
ページ上に存在する負のeクチコミが増加するのに伴ってそのブランドに対
する評価が低下する度合いは，一定であると考えられる。したがって，以下
の仮説を提唱する。

仮説7.2
クチコミ対象製品のブランド精通性が低い場合，1つのウェブページ上
に存在する負のeクチコミの比率の増加に伴って，そのブランドに対す
る消費者の評価は低下する

また，第9章における概念モデルは，**図9-2**に示されるとおりである。

第4節　分　　析

 4.1　実験の概要

　第3節において提唱した**仮説7.1**と**仮説7.2**の経験的妥当性を検討するために，分析を行う。第9章の分析は，Sundaram and Webster（1999）および Lee, *et al.*（2008）において採用されたリサーチデザインに準拠した。既存研究は，実験室実験を行い，消費者データを収集した。実験に際して，仮想のクチコミサイトを作成し，被験者にはその中の1つのウェブページを閲覧してもらった。そのうえで，質問項目に回答してもらうことによって，消費者データを収集した。第9章においても，消費者データを収集するために実験室実験を行う。

　実験に際して，e クチコミの正負比率（10:0／8:2／6:4），および，クチコミ対象製品のブランド精通性（高／低）を操作した3×2種類，すなわち全6種類のウェブページを作成した。Sundaram and Webster（1999）によって用いられた実験対象製品を踏まえ，家庭用エアコンを用いた。実験対象製品のブランドには，実在のブランド名を用いた。精通性の高いブランドとして「三菱電機」の「霧ヶ峰ムーブアイ MSZ-GV252-T」を，精通性の低いブランドとして「コロナ」の「CSH-B2212」を用いた[1]。実験用のウェブページは，いずれも，左上に製品の写真が掲載され，右上に製品名，メーカー名，および簡単な製品説明が掲載されるというレイアウトに設定し，それらの下には10個のe クチコミを配置した。e クチコミの正負比率が10:0であるときには，1つのウェブページに10個の正のe クチコミを，8:2であるときには，8個の正のe クチコミと2個の負のe クチコミを，6:4であるときには，6個の正のe クチコミと4個の負のe クチコミを掲載した。なお，正のe クチコミと負のe クチコミの掲載順は，ランダムに設定した。

実験に参加した被験者は，大学生および大学院生150名であった。被験者
には，作成した6種類のウェブページのうち，無作為に割り当てられた1種
類を閲覧してもらった。そして，ページ上に掲載されたクチコミ対象製品に
関するeクチコミを読んだ後，調査票に回答してもらった。調査票は，従属
変数を測定するための「ブランド態度」と「購買意図」に関する質問項目，
および，マニピュレーション・チェックを行うための「ブランド精通性」と
「ウェブページ上の正のeクチコミの知覚量」に関する質問項目から構成さ
れた。なお，「ブランド態度」とは，被験者がクチコミ対象製品のブランド
に対して好意的である程度を意味する変数であり，「購買意図」とは，被験
者がクチコミ対象製品を購買しようとする程度を意味する変数である。また，
「ブランド精通性」とは，被験者がクチコミ対象製品のブランドについて知
っている程度を意味する変数であり，「ウェブページ上の正のeクチコミの
知覚量」とは，閲覧するウェブページ上に正のeクチコミがどれくらい存在
すると被験者が知覚したかを意味する変数である。

4.2　測定尺度

　「ブランド態度」については，Alpert and Kamins（1995）によって開発さ
れた6つの質問項目を用いて，7点セマンティック・ディフェレンシャル尺
度によって測定した。「購買意図」については，Sundaram and Webster
（1999）に基づいて独自に開発した4つの質問項目を用いた。「ブランド精通
性」については，Sundaram and Webster（1999）によって開発された6つ
の質問項目を用いた。「ウェブページ上の正のeクチコミの知覚量」につい
ては，独自に開発した3つの質問項目を用いた。「購買意図」，「ブランド精
通性」，および「ウェブページ上の正のeクチコミの知覚量」の質問項目は，
いずれも7点リカート尺度（「1＝全くそう思わない」から「7＝非常にそう思
う」）によって測定された。なお，調査に用いた質問項目は，**表9-1**に示さ
れるとおりである。

　尺度の信頼性を表わすクロンバックのα係数の値は，「ブランド態度」，
「購買意図」，「ウェブページ上の正のeクチコミの知覚量」，および「ブラン

表9-1　研究7における構成概念と質問項目

構成概念・質問項目	α係数	CR	AVE
ブランド態度 クチコミされている商品については， Y_1：低品質である－高品質である。 Y_2：特徴がない－特徴的である。 Y_3：信頼できない－信頼できる。 Y_4：退屈である－わくわくする。 Y_5：野暮ったい－洗練されている。 Y_6：劣っている－優れている。	0.94	0.94	0.79
購買意図 Y_7：クチコミされている商品を買う可能性は高い。 Y_8：クチコミされている商品を買う。 Y_9：クチコミされている商品を試しに買う。 Y_{10}：友人に，クチコミされている商品を買うことを助言する。	0.83	0.84	0.63
ウェブページ上の正のeクチコミの知覚量 X_1：この商品の悪いクチコミの数は少ない。 X_2：この商品の悪いクチコミの数は微々たるものだ。 X_3：この商品には良いクチコミしか存在しない。	0.89	0.89	0.67
ブランド精通性 X_4：この商品名をよく知っている。 X_5：この商品名に見覚えがある。 X_6：これまでにこの商品名を聞いたことがある。 X_7：このメーカー名をよく知っている。 X_8：このメーカー名に見覚えがある。 X_9：これまでにこのメーカー名を聞いたことがある。	0.88	0.86	0.55

ド精通性」について，それぞれ0.94，0.83，0.89，および0.88であり，0.70以上という基準値を満たしていた（Nunnally and Bernstein, 1994）。同様に，尺度の信頼性を表わす合成信頼性（CR）の値は，それぞれ0.94，0.84，0.89，および0.86であり，既存研究が推奨する0.60以上いう基準値を満たしていた（Bagozzi and Yi, 1988）。さらに，尺度の妥当性を示すための指標である平均分散抽出度（AVE）は，それぞれ0.79，0.63，0.67，および0.55であり，既存研究が推奨する0.50以上という基準値を満たしていた（Bagozzi and Yi, 1988）。

4.3　マニピュレーション・チェック

　実験室実験において提示された実験対象ブランドのブランド精通性に関し

て，回答データの平均値を用いて，まず，t検定を実施した。分析の結果，精通性の高いブランドおよび精通性の低いブランドとして設定された2つのブランドに対して被験者が知覚した精通性の平均値は，それぞれ4.80（S.D. = 1.85）および2.13（S.D. = 1.34）であり，両者の間には，1％水準で有意な差が認められた（$t = 18.02, p < 0.01$）。したがって，ブランド精通性に関する操作化は妥当に行われたと判断できるだろう。

次に，実験で提示されたウェブページ上の正のeクチコミの知覚量に関して，被験者が回答したデータを用いて，一元配置分散分析を行った。分析の結果，eクチコミの正負比率が10:0，8:2，および，6:4のときの，ウェブページ上の正のeクチコミの知覚量に関する平均値は，それぞれ，4.66（S.D. = 1.54），3.83（S.D. = 1.14），および，3.01（S.D. = 1.20）であった。続いて，TukeyのHSD法による多重比較分析を行った。分析の結果，eクチコミの正負比率が10:0のときと8:2のときの間，および，8:2のときと6:4のときの間には，5％水準で有意な差が認められた一方，10:0のときと6:4のときの間には，1％水準で有意な差が認められた。したがって，eクチコミの正負比率に関する操作は妥当に行われたと判断できるだろう。

4.4 分析結果

実験室実験で収集した消費者データを用いて，独立変数を，「eクチコミの正負比率」（10:0／8:2／6:4），および「クチコミ対象製品のブランド精通性」（高／低）の3×2，従属変数を，「ブランド態度」および「購買意図」に設定したうえで，二元配置分散分析を行った。なお，Leveneの等分散検定を行った結果，水準間の分散に有意な差は認められなかった。この結果から，各被験者グループの分布の分散の等質性という分散分析の要件に関して問題は見出されなかったと判断され，それゆえ，二元配置分散分析を行うことは妥当であるだろう。

従属変数として「ブランド態度」と「購買意図」を設定した分散分析の結果，モデル全体，各要因の主効果，および2要因の交互効果に関するF値は，**表9-2**に示されるとおりであった。

表9-2　研究7における分散分析の結果

	ブランド態度	購買意図
モデルの全体的評価	$F = 14.82^a$	$F = 4.86^a$
X_1（eクチコミの正負比率）	$F = 50.43^a$	$F = 18.33^a$
X_2（クチコミ対象製品のブランド精通性）	$F = 45.41^a$	$F = 2.88^c$
$X_1 \times X_2$（eクチコミの正負比率とクチコミ対象製品のブランド精通性の交互効果）	$F = 3.55^b$	$F = 3.15^b$

（注）^{a} は1％水準で有意，^{b} は5％水準で有意，^{c} は10％水準で有意。

表9-3　eクチコミの正負比率とクチコミ対象製品のブランド精通性別の製品評価の平均値と標準偏差

				X_1（eクチコミの正負比率）		
				10:0	8:2	6:4
Y_1（ブランド態度）	X_2（クチコミ対象製品のブランド精通性）	高	平均値（標準偏差）	5.27 (0.87)	5.05 (0.80)	4.09 (0.80)
		低	平均値（標準偏差）	4.79 (0.89)	4.05 (0.62)	3.65 (0.96)
Y_2（購買意図）	X_2（クチコミ対象製品のブランド精通性）	高	平均値（標準偏差）	4.52 (1.21)	4.30 (1.32)	3.31 (1.30)
		低	平均値（標準偏差）	4.41 (1.25)	3.55 (1.27)	3.43 (1.33)

　「ブランド態度」に関して，「eクチコミの正負比率」の主効果は有意であり（$F = 50.43, p < 0.01$），同様に「クチコミ対象製品のブランド精通性」の主効果も有意であるということが示された（$F = 45.41, p < 0.01$）。さらに，2要因の交互効果は有意であるということが示された（$F = 3.55, p < 0.05$）。同様に，「購買意図」に関して，「eクチコミの正負比率」の主効果は有意であり（$F = 18.33, p < 0.01$），「クチコミ対象製品のブランド精通性」の主効果も有意であるということが示された（$F = 2.88, p < 0.10$）。さらに，2要因の交互効果は有意であるということが示された（$F = 3.15, p < 0.05$）。

　「ブランド態度」および「購買意図」におけるeクチコミの正負比率とクチコミ対象製品のブランド精通性の交互効果は，**表9-3**，**図9-3**，および，**図9-4**に示されるとおりであった。

図9-3 e クチコミの正負比率とクチコミ対象製品のブランド精通性の交互効果
（Y_1：ブランド態度）

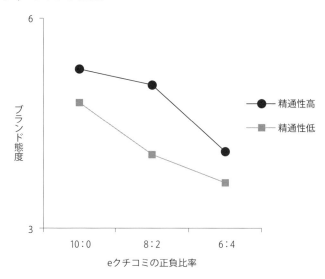

図9-4 e クチコミの正負比率とクチコミ対象製品のブランド精通性の交互効果
（Y_2：購買意図）

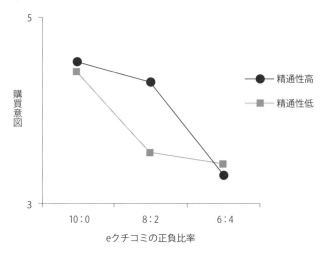

クチコミ対象製品のブランド精通性が高い場合，eクチコミの正負比率が10:0，8:2，および，6:4のとき，「ブランド態度」の平均値は，それぞれ5.27（S.D. = 0.87），5.05（S.D. = 0.80），および，4.09（S.D. = 0.80）であった。Tukey の HSD 法による多重比較分析の結果，eクチコミの正負比率が10:0のときと8:2のときの間には，有意な差は認められず，8:2のときと6:4のときの間，および，10:0のときと6:4のときの間には，1％水準で有意な差が認められた。同様に，クチコミ対象製品のブランド精通性が高い場合，eクチコミの正負比率が10:0，8:2，および，6:4のとき，「購買意図」の平均値は，それぞれ4.52（S.D. = 1.21），4.30（S.D. = 1.32），および，3.31（S.D. = 1.30）であった。Tukey の HSD 法による多重比較分析の結果，eクチコミの正負比率が10:0のときと8:2のときの間には，有意な差は認められず，8:2のときと6:4のときの間，および，10:0のときと6:4のときの間には，1％水準で有意な差が認められた。すなわち，クチコミ対象製品のブランド精通性が高い場合，1つのウェブページ上に存在する負のeクチコミの比率の増加に伴って，「ブランド態度」および「購買意図」は，低下率を増やしながら低下するということが示された。したがって，クチコミ対象製品のブランド精通性が高い場合，1つのウェブページ上に存在する負のeクチコミの比率の増加に伴って，そのブランドに対する消費者の評価は，低下率を増やしながら低下する，という**仮説7.1**は支持された。

　クチコミ対象製品のブランド精通性が低い場合，eクチコミの正負比率が10:0，8:2，および，6:4のとき，「ブランド態度の平均値」は，それぞれ4.79（S.D. = 0.89），4.05（S.D. = 0.62），および，3.65（S.D. = 0.96）であった。Tukey の HSD 法による多重比較分析の結果，eクチコミの正負比率が10:0のときと8:2のときの間，8:2のときと6:4のときの間，および，10:0のときと6:4のときの間には，いずれも5％水準で有意な差が認められた。同様に，クチコミ対象製品のブランド精通性が低い場合，eクチコミの正負比率が10:0，8:2，および，6:4のとき，「購買意図」の平均値は，それぞれ4.41（S.D. = 1.25），3.55（S.D. = 1.27），および，3.43（S.D. = 1.33）であった。Tukey の HSD 法による多重比較分析の結果，eクチコミの正負比率が8:2のときと6:4のときの間には，有意な差は認められず，10:0のときと8:2のと

きの間には，5％水準で有意な差が認められ，10:0のときと6:4のときの間には，1％水準で有意な差が認められた。したがって，クチコミ対象製品のブランド精通性が低い場合，1つのウェブページ上に存在する負のeクチコミの比率の増加に伴って，「ブランド態度」は低下するということが示された一方，「購買意図」は低下率を減らしながら低下するということが示された。したがって，クチコミ対象製品のブランド精通性が低い場合，1つのウェブページ上に存在する負のeクチコミの比率の増加に伴って，そのブランドに対する消費者の評価は低下する，という**仮説7.2**は部分的に支持された。

🔘 **4.5 考 察**

　分析の結果，クチコミ対象製品のブランド精通性が高い場合，1つのウェブページ上に存在する負のeクチコミの比率の増加に伴って，その製品に対する消費者の評価は，低下率を増やしながら低下するということが示された。さらに，クチコミ対象製品のブランド精通性が低い場合，1つのウェブページ上に存在する負のeクチコミの比率の増加に伴って，その製品に対する消費者の態度は低下するということが示された。すなわち，消費者がよく知っているブランドに関する負のeクチコミの影響の度合いは，1つのウェブページ上に存在する負のeクチコミの比率の増加に伴って逓増している一方，消費者があまり知らないブランドに関する負のeクチコミの影響の度合いは，1つのウェブページ上に存在する負のeクチコミの比率の増減にかかわらず一定であるということが示唆された。このことから，1つのウェブページ上に存在する負のeクチコミの比率に従ってもたらされる負の影響が緩和される別の条件は，クチコミ対象製品のブランド精通性が高い場合であると結論づけられた。

　第8章のクチコミ対象製品が経験財である場合における分析結果と同様に，クチコミ対象製品のブランド精通性が低い場合も，1つのウェブページ上に存在する負のeクチコミの比率の増加に伴って，購買意図は低下率を減らしながら低下するという結果が得られた。これは，eクチコミの正負の符号にかかわらず，消費者は精通性の低いブランドに関するeクチコミの影響を受

けやすいという既存研究の主張とは異なる結果であった。このことから，消費者があまり知らないブランドに関するeクチコミを参照する場合，正負のeクチコミが消費者の購買意図に与える影響の度合いはeクチコミの正負比率の差異に伴って異なるということが示唆された。これは，1つのウェブページ上に存在する負のeクチコミの比率の増加に伴って，増加した分の負のeクチコミによる影響の度合いは小さくなる傾向があるということである。こうした結果が得られたのは，1つのウェブページ上に一定の比率の負のeクチコミが存在するとき，消費者はクチコミ対象製品が低品質であるという判断を下して，購買意図が低く形成されてしまうため，負のeクチコミが一定の比率を超えて増加しても，消費者の購買意図はそれほど低下しなかったと考えられる。

第5節　研究7の総括

　第8章においては，eクチコミの正負比率と消費者の製品評価の関係に対する探索財と経験財というクチコミ対象製品の種類の調整効果を分析した。そして，1つのウェブページ上に存在する負のeクチコミの比率に従ってもたらされる負の影響が緩和される条件は，クチコミ対象製品が探索財の場合であるということを見出した。第9章においては，負のeクチコミの比率に従ってもたらされる負の影響が緩和されるさらなる条件を探究した。その際，受信者である消費者のブランド精通性を受信者特性として考慮に入れ，eクチコミの正負比率と消費者の製品評価の関係に対してクチコミ対象製品のブランド精通性がいかなる調整効果をもたらすのかを検討した。

　分析の結果，クチコミ対象製品のブランド精通性が高い場合，1つのウェブページ上に存在する負のeクチコミの比率の増加に伴って，その製品に対

する消費者の評価は，低下率を増やしながら低下した一方，クチコミ対象製品のブランド精通性が低い場合，1つのウェブページ上に存在する負のeクチコミの比率の増加に伴って，その製品に対する消費者の態度は低下した。したがって，1つのウェブページ上に存在する負のeクチコミの比率に従ってもたらされる負の影響が緩和されるもう1つの条件は，消費者のブランド精通性が高い場合であると結論づけられた。

既存研究は，対面クチコミを研究対象としていたため，消費者が正あるいは負のクチコミのどちらかにしか露出しない状況を想定して，クチコミ対象製品のブランド精通性が異なれば，消費者のブランド評価が異なるということを見出した（Sundaram and Webster, 1999）。彼らによっては，ブランド精通性が，1個の対面クチコミに露出した消費者のブランド評価に影響を与えるということが示されたものの，複数のeクチコミが掲載されたウェブページを閲覧した消費者のブランド評価にいかなる影響を与えるのかということは示されていなかった。これに対して第9章は，消費者が1つのウェブページ上に存在する複数の正と負のeクチコミに対して同時に情報処理する状況を想定したうえで，精通性の高いブランドの場合の方が，精通性の低いブランドの場合より，負のeクチコミの存在が与える負の影響がより緩和されるということを示した点において，一定の貢献を成しただろう。

［付記］　第9章は以下の既発表論文を再編・加筆・修正したものである。
菊盛真衣（2013）「eクチコミ効果へのブランド熟知性の影響 ——消費者のブランド評価に着目して——」『プロモーショナル・マーケティング研究』，第6巻，pp. 9 -20.（The 2015 International Conference of Asia Marketing Association, Best Doctoral Consortium Paper Award 受賞論文）

(1) 本実験でそれぞれのブランド名を使用する際には，予備調査（n=25）に基づいて，精通性に関する項目の値が最も高かったブランドとその値が最も低かったブランドを用いた。

第**10**章

研究8：
eクチコミの正負比率と
情報取得行動の関係

第1節　問題意識

　前章までの一連の研究は，本書の**研究課題1**に焦点を合わせて，消費者が1つのウェブページ上で複数の正と負のeクチコミに同時に露出する状況を想定すると生じる3つの現象，すなわち，負のeクチコミの存在が消費者の製品評価に正の影響を与える現象，その影響が促進される現象，および，負のeクチコミの存在による負の影響が緩和される現象が生起する条件を識別した。しかしながら，前章までの研究を含めて，eクチコミの影響に関する既存研究は，消費者が1つのウェブページ上に掲載された単一の，あるいは，複数のeクチコミに露出したうえで，そのクチコミ・メッセージに基づいてクチコミ対象製品を評価するという状況を前提としている。すなわち，既存研究の大半は，消費者購買意思決定プロセスにおける情報統合段階および製品評価段階に焦点を合わせており，消費者購買意思決定プロセスの川上の段階である，情報取得段階に焦点を合わせたeクチコミ研究は希少である。

　既存研究は，消費者の情報取得段階に着目してこなかったため，正のeクチコミと負のeクチコミが混在する賛否両論のクチコミサイトを閲覧した消費者が，当該サイトの信憑性を疑って情報探索を中断したり，逆に，自身の立場を判断するために注意深く情報探索を行おうとしたりするという興味深い現象は考慮されてこなかった。

　この問題点に対応するため，本書の**研究課題2**に焦点を合わせて，「1つのウェブページ上で複数の正と負のeクチコミに露出した消費者が，同一ページ上での情報探索を注意深く行おうとしたり，逆に中断したりするという現象がいかにして生起するのか」を探究する。その際，第10章では，情報特性として，属性中心的クチコミと便益中心的クチコミというクチコミ・メッセージの訴求内容の種類を考慮に入れる。具体的には，1つのウェブページ上に正のeクチコミと負のeクチコミが同程度存在するときと，正のeクチ

コミあるいは負のeクチコミのどちらか一方がそのウェブページを占めているとき，クチコミ・メッセージが製品の便益を中心的に訴求しているのか，あるいは，製品の属性を中心的に訴求しているのかというクチコミ・メッセージの訴求内容の種類の差異に伴って，そのページに対する消費者の情報探索意図がどのように異なるのかを検討する。

第2節　既存研究レビュー

　eクチコミの影響に関する既存研究の大半は，消費者購買意思決定プロセスにおける製品評価段階に焦点を合わせて，eクチコミの影響を検討してきた。それらの研究とは異なり，消費者購買意思決定プロセスの川上の段階である情報取得段階に焦点を合わせて，eクチコミの影響を検討した研究は希少である。

　情報取得段階に焦点を合わせた希少な研究として，例えば，澁谷（2006）が挙げられる。彼は，インターネット上で他の消費者が発信する評価情報に関して情報探索を行う消費者のインターネット上での情報探索プロセスのモデルを示した。澁谷のモデルによると，個人のウェブサイトやブログにおいて，個人によって発信された情報に露出した場合，まず，消費者は，その情報が自身の意見と一致しているのかを判断するという。消費者は，発信者の意見と自身の意見の一致性が高いと判断すると，その発信者に対してさらなる情報探索を行う。そして，発信者と自身が類似しているのかを判断し，発信者と自身との類似性が高いと知覚すれば，自身の意見に対する確信度を増加させる。一方，発信者と自身との類似性が低いと知覚すれば，消費者は発信者の専門性について判断し，発信者の専門性が高いと知覚すれば，自身の意見に対する確信度を増加させる。しかし，発信者の専門性が低いと知覚す

れば，自身の意見に対する確信度を増加させることはなく，再度情報探索を行うという。このモデルは，単一の個人によって発信された情報に露出した消費者の反応プロセスを描くことに成功している。しかし，複数の個人によって発信された情報に露出した消費者がいかなる反応を示すのかということについては言及していない。

　Huang, Lurie, and Mitra（2009）は，異なる探索対象製品の間にある，消費者のウェブページ上での情報探索行動の差異を検討した。彼らは，探索財および経験財のどちらの場合においても，消費者がそれぞれの製品に関する情報を収集するために費やす時間は同程度であるが，消費者が訪問した探索対象製品に関するウェブページの数，および探索対象製品に関するウェブページ1頁あたりに費やされる時間に関して，探索財と経験財の間には有意な差があると主張している。具体的には，探索対象製品が経験財の場合の方が，探索財の場合より，消費者が訪問したウェブページの数は少なく，1つのウェブページ上で費やされる時間が長いということが見出された。すなわち，消費者が探索財に関する情報を探索する際には，情報探索は浅く広く行われるのに対して，消費者が経験財に関する情報を探索する際には，情報探索は深く狭く行われるということが示唆された。

　Huan, et al.（2009）の主張には，探索財の品質評価と経験財の品質評価において中心的な役割を果たす属性情報が異なるという論拠が用いられている。すなわち，探索財の品質評価には，探索属性に関する情報が主に有用であるのに対して，経験財の品質評価には，経験属性に関する情報が主に有用であるという。ただし，探索属性に関する情報とは，製品の価格，色，形，あるいは，大きさといった，製品が標準的に兼ね備えている性能が単純に表現された情報であり，他製品との比較を容易にするような情報である。そのため，消費者は，探索属性に関する情報の取得や処理のために，多くのコストを割く必要はない。一方，経験属性に関する情報とは，製品の使いやすさや，製品から得られる便益といった，製品を経験することでしか得られない情報であり，個人の経験によって情報の内容が異なるため，他製品との比較が困難な情報である。消費者は，他製品との比較を行うために，様々な情報源からの具体的な情報を収集し，それらを処理するために多くのコストを割く必要

がある。したがって，消費者にとって，経験属性の評価の方が，探索属性の評価より困難であるというのである。

Huang, et al.（2009）によれば，探索財および経験財のどちらの場合においても，消費者が情報探索に費やす総時間数は同程度である。ゆえに，探索財についての情報探索の場合，各ウェブページで必要となる情報処理コストが小さいため，消費者が１つのウェブページで費やす時間は少なく，訪問するウェブページ数は多い一方，経験財についての情報探索の場合，各ウェブページで必要となる情報処理コストが大きいため，消費者が１つのウェブページで費やす時間は多く，訪問するウェブページ数は少ないという。このように，Huang, et al. は，消費者のウェブページ上での情報探索行動が，探索財に関する場合と経験財に関する場合の間でいかなる差異があるのかを検討した。しかしながら，彼らは，消費者が探索するウェブページとして，企業の製品情報ページやクチコミサイトを含めて，探索対象製品に関係するあらゆるウェブページを想定している。彼らの研究を含む既存研究は，あるウェブページ上のｅクチコミを閲覧した消費者が，閲覧したｅクチコミの影響を受けて，自身の情報取得行動を変えるのか否か，変えるとしたら，いかなる行動を取りうるのかという問いを探究していない。すなわち，正のｅクチコミと負のｅクチコミの両方が存在する賛否両論のクチコミサイトを閲覧した消費者が，当該サイトでの情報探索を中断したり，あるいは，注意深く情報探索を行おうとしたりするといった現象を考慮していない。

そこで，第10章は，ｅクチコミの説明対象として消費者の情報取得段階に着目したうえで，クチコミ・メッセージの訴求内容の種類が便益中心的クチコミである場合と属性中心的クチコミである場合の間で，１つのウェブページ上におけるクチコミ・メッセージの正負のばらつきが消費者の情報探索意図に与える影響はどのように異なるのかを検討する。

第3節　仮説の提唱

　Park and Kim（2008）は，クチコミ・メッセージを，それが中心的に訴求する内容によって，便益中心的クチコミと属性中心的クチコミに分類した。彼らの定義によると，便益中心的クチコミとは，クチコミ対象製品を経験した発信者が，その製品から自分が得た便益あるいは価値に基づいて主観的に記述した製品評価メッセージである。例えば，デジタルカメラに関する便益中心的クチコミの場合，「このカメラは綺麗な写真を撮ることができるので，良いカメラだと思う。」や「このカメラは暗い場所でぼんやりした写真を撮ることができないので，それほど良いカメラではないと思う。」といったクチコミが例として挙げられる。

　便益中心的クチコミは，「綺麗」や「ぼんやりした」のような主観的で，受信者にとって曖昧な表現を多く含んでおり，多義性の高い文章である。そのため，クチコミ対象製品からクチコミ発信者が引き出したのと同水準の便益を，受信者も引き出すことができるのか否かを判断するためには，各クチコミを注意深く読む必要がある状況が生じうると考えられる。そうした状況の1つは，1つのウェブページ上に掲載された複数のeクチコミの訴求内容が便益中心的であり，かつ，それらのeクチコミが異口同音ではなく，むしろ賛否両論であるような状況だろう。複数のeクチコミが賛否両論であるような状況というのは，正のeクチコミと負のeクチコミが同程度存在するような状況，すなわち，クチコミ・メッセージの正負のばらつきが大きい状況だろう。そうした状況に直面した受信者は，当然ながら，クチコミ対象製品から得られる便益に関する一貫性のない評価の束に露出することになる。ここで，便益中心的クチコミにおいて記述される便益は，その製品を使用したクチコミ発信者が，どの製品属性を，どの程度重視するのかという発信者自身の属性重視度，すなわち，その発信者の嗜好に深く関連していると想定す

る。そうすることによって，同一の製品に関する便益中心的クチコミの正負のばらつきは，クチコミ発信者の嗜好が一様ではなく，多様であるということを表わしていると見なせるだろう。

受信者である消費者は，多様な嗜好を存在させる製品の選択に直面すると，自身の価値基準に照らし合わせて，クチコミ対象製品を購買すべきか否かについて確実な判断を下そうと試みる。それゆえ，正・負いずれのクチコミ発信者の嗜好ないし価値基準が自分のそれと似ているかという点について，個々のクチコミ・メッセージを精査しようとすると考えられる。したがって，1つのウェブページ上で便益中心的クチコミの正負のばらつきが大きい場合の方が，便益中心的クチコミの正負のばらつきが小さい，もしくは全くばらついていない場合より，消費者はクチコミ対象製品を購買すべきか否かについて判断を下すのが難しいため，そのウェブページ上のeクチコミを注意深く探索しようとする意図は高いと考えられる。以上の議論より，次の仮説を提唱する。

仮説8.1
1つのウェブページ上における便益中心的クチコミの正負のばらつきが大きい場合の方が，便益中心的クチコミの正負のばらつきが小さい場合より，クチコミ掲載ページに対する消費者の情報探索意図は高い

一方，属性中心的クチコミとは，Park and Kim（2008）の定義によると，クチコミ対象製品が持つ属性について，製品の性能情報などに基づいて客観的に記述されている製品評価メッセージである。例えば，デジタルカメラに関する属性中心的クチコミの場合，「このカメラの有効画素数は1,600万画素なので，良いカメラだと思う。」や「このカメラは光学ズーム3倍しかないので，それほど良いカメラではないと思う。」といったクチコミが例として挙げられる。

属性中心的クチコミは，「有効画素数1,600万画素」や「光学ズーム3倍」といった製品の属性情報を，いわゆるスペック情報として含んでおり，多義性の低い文章である。属性中心的クチコミにおいて記述される製品の属性情報は，対象製品が物理的に含有する属性の水準や有無に関する情報であり，

その属性情報に対する評価は，クチコミ対象製品が物理的に含有する特定の属性の水準や有無が，その発信者の求める基準を満たしているかどうかによって判断されるだろう。そのため，属性中心的クチコミの正負の符号は，クチコミ対象製品が生産される際に付与された特定の属性水準に関する情報に対して，クチコミ発信者が下した評価に関係する。すなわち，正の属性中心的クチコミは，クチコミ対象製品の特定の属性水準がクチコミ発信者の満足するような水準に達したことを表している一方，負の属性中心的クチコミは，その製品の特定の属性水準が発信者の満足するような水準には達せず，その水準の不足分を発信者が否定的に捉えているということを表している。

　1つのウェブページ上に掲載された複数のeクチコミの訴求内容が属性中心的であり，かつ，それらのeクチコミが異口同音ではなく，むしろ賛否両論であるような状況，すなわち，クチコミ・メッセージの正負のばらつきが大きい状況に直面したとき，受信者である消費者は，当然ながら，クチコミ対象製品が含有する属性に関する一貫性のない評価の束に露出する。ここで，クチコミ発信者がクチコミ対象製品の属性に対して満足する水準は一定であると想定すると，属性中心的クチコミにおいて記述される製品の属性情報に対する評価は本来ならば発信者ごとにばらつくものではない。それにもかかわらず，クチコミ・メッセージの正負のばらつきが大きいということは，製品の特定の属性水準を正しく知覚符号化（cf. 阿部, 1984; 中西, 1984, 1998）することができなかった発信者が発信した属性中心的クチコミが混在しているということを意味している。すなわち，「有効画素数1,600万画素」というデジタルカメラの特定の属性水準を正しく知覚符号化すれば，「高画質の写真が撮影できる」と評価されるはずであるにもかかわらず，誤って知覚符号化したことによって「画質の粗い写真しか撮影できない」と評価された情報が存在するということである。

　したがって，属性中心的クチコミの正負のばらつきが大きいウェブページを閲覧した消費者は，正しく知覚符号化を行えないクチコミ発信者が発信した属性情報，および，その情報を掲載しているウェブページに関して，信頼性の低いページであるという評価を下し，情報探索の対象とすることを停止してしまうだろう。したがって，1つのウェブページ上で属性中心的クチコ

図10-1　研究8の概念モデル

ミの正負のばらつきが大きい場合の方が，属性中心的クチコミの正負のばら
つきが小さい，もしくは全くばらついていない場合より，消費者はそのウェ
ブページは信頼性が低く，情報探索の対象として不適切であると判断して，
そのページ上のクチコミを探索しようとする意図は低いと考えられる。以上
の議論より，次の仮説を提唱する。

> **仮説8.2**
> 1つのウェブページ上における属性中心的クチコミの正負のばらつきが
> 大きい場合の方が，属性中心的クチコミの正負のばらつきが小さい場合
> より，クチコミ掲載ページに対する消費者の情報探索意図は低い

また，第10章における概念モデルは，**図10-1**に示されるとおりである。

第4節　分　　析

● 4.1　実験の概要

第3節において提唱した**仮説8.1**と**仮説8.2**の経験的妥当性を検討するため

に，分析を行う。第10章の分析は，前章までの研究において採用されたリサーチデザインに準拠した。すなわち，実験室実験を行い，消費者データを収集した。実験に際して，仮想のクチコミサイトを作成し，被験者にはその中の1つのウェブページを閲覧してもらった。そのうえで，質問項目に回答してもらうことによって，消費者データを収集した。実験対象製品として，仮想のブランド名を冠したデジタルカメラを用いた。

　実験に際して，クチコミ・メッセージの正負のばらつき（大／小）とクチコミ・メッセージの訴求内容の種類（便益中心的／属性中心的）を操作した2×2種類，すなわち，全4種類のウェブページを作成した。実験用のウェブページは，いずれも，ページの最上部に製品名が掲載され，その下に製品の写真が掲載されるというレイアウトに設定し，それらの下には10個のeクチコミを配置した。

　クチコミ・メッセージのばらつきとは，1つのウェブページ上における，正のeクチコミと負のeクチコミの数の偏りである。そのため，第10章においては，クチコミ・メッセージの正負のばらつきが大きい状況として，1つのウェブページ上に正のeクチコミと負のeクチコミが同程度存在するような状況を，一方，クチコミ・メッセージの正負のばらつきが小さい状況として，1つのウェブページ上を正のeクチコミあるいは負のeクチコミのどちらか一方が占めているような状況を想定している。実験用ウェブページにおけるクチコミ・メッセージの正負のばらつきを操作するために，10個のeクチコミを構成する正のeクチコミと負のeクチコミの比率を2通りに設定した。すなわち，クチコミ・メッセージの正負のばらつきが大きいウェブページには，5個の正のeクチコミと5個の負のeクチコミを掲載した一方，クチコミ・メッセージの正負のばらつきが小さいウェブページには，9個の正のeクチコミと1個の負のeクチコミを掲載した。なお，正のeクチコミと負のeクチコミの掲載順は，ランダムとした。

　クチコミ・メッセージの訴求内容の操作に際して，正の便益中心的クチコミとして，例えば「画質は申し分なく，期待どおりの画質でとても満足しています。細かいところの描写が本当に素晴らしいです。」といったクチコミ・メッセージを，負の便益中心的クチコミとして，例えば「写真が全体に

ぼけた感じになっています。昨今のスマホ・ケータイで撮るのとあんまり変わらないような気がしています。」といったクチコミ・メッセージを使用した。また，正の属性中心的クチコミとして，例えば「本機はわずか1,000万画素機ですが，写りは最近の1,000万画素機よりも立派に見えますし，はるかにクリアで綺麗な写真が撮れました。買ってよかった。」といったクチコミ・メッセージを，負の属性中心的クチコミとして，例えば「しかし，1,000万画素ってホント？他社カメラよりひどい画質です。のっぺりとした表現の写真しか撮れないです。」といったクチコミ・メッセージを使用した。

　実験に参加した被験者は，大学生および大学院生144名であった。被験者には，作成した4種類のウェブページ，すなわち，クチコミ・メッセージの訴求内容が便益中心的で，正負のばらつきが大きいウェブページ，クチコミ・メッセージの訴求内容が便益中心的で，正負のばらつきが小さいページ，クチコミ・メッセージの訴求内容が属性中心的で，正負のばらつきが大きいページ，およびクチコミ・メッセージの訴求内容が属性中心的で，正負のばらつきが小さいページのうち，無作為に割り当てられた1種類のページを閲覧してもらった。そして，ウェブページ上に掲載されたデジタルカメラに関するeクチコミを読んだ後，調査票に回答してもらった。調査票は，従属変数を測定するための「クチコミ掲載ページへの情報探索意図」に関する質問項目，およびマニピュレーション・チェックを行うための「クチコミ・メッセージの正負のばらつき」，「クチコミの便益中心度」，および「クチコミの属性中心度」に関する質問項目から構成された。なお，「クチコミ掲載ページへの情報探索意図」とは，閲覧するウェブページ上で，被験者が当該ページに掲載されたeクチコミを注意深く読もうとする程度を意味する変数である。また，「クチコミ・メッセージの正負のばらつき」とは，閲覧するウェブページ上に正のeクチコミと負のeクチコミがどれくらい存在すると被験者が知覚したのか意味する変数であり，「クチコミの便益／属性中心度」とは，閲覧するウェブページ上のeクチコミの内容が製品の便益／属性についてどれくらい言及していると被験者が知覚したのかを意味する変数である。

表10-1　研究8における構成概念と質問項目

構成概念・質問項目	α係数	CR	AVE
クチコミ掲載ページへの情報探索意図			
Y_1：このページ上のクチコミをもっと詳しく読みたい。			
Y_2：このページ上のクチコミをもっと入念に読みたい。	0.96	0.96	0.86
Y_3：このページ上のクチコミをもっと注意深く読みたい。			
Y_4：このページ上のクチコミをもっとじっくり読みたい。			
クチコミ・メッセージの正負のばらつき			
X_1：このページ上には良いクチコミと悪いクチコミが同程度存在している。			
X_2：このページ上の良いクチコミと悪いクチコミの数は，ほぼ等しい。	0.96	0.94	0.81
X_3：この製品には，賛否両論の感想が抱かれている。			
X_4：この製品には良い感想と悪い感想の両方が同じくらい抱かれている。			
クチコミの便益中心度			
X_5：このページ上のクチコミはどれも，製品を使うことで得られる価値について主に書いてある。			
X_6：このページ上のクチコミはどれも，製品によって得られるベネフィットに触れている。	0.81	0.82	0.61
X_7：このページ上のクチコミは，製品を使った人の個人的な意見が多く書かれている。			
クチコミの属性中心度			
X_8：このページ上のクチコミはどれも，製品の性能について主に書いてある。			
X_9：このページ上のクチコミはどれも，製品の特徴について触れている。	0.90	0.89	0.73
X_{10}：このページのクチコミは，製品の機能について書かれたものばかりだ。			

4.2　測定尺度

　「クチコミ掲載ページへの情報探索意図」，「クチコミ・メッセージの正負のばらつき」，「クチコミの便益中心度」，および「クチコミの属性中心度」は，独自に開発した4つあるいは3つの質問項目を用いて，7点リカート尺度（「1＝全くそう思わない」から「7＝非常にそう思う」）によって測定した。なお，調査に用いた質問項目は，**表10-1**に示されるとおりである。

　尺度の信頼性を表わすクロンバックのα係数の値は，「クチコミ掲載ページへの情報探索意図」，「クチコミ・メッセージの正負のばらつき」，「クチコミの便益中心度」，および「クチコミの属性中心度」について，それぞれ0.96，0.96，0.81，および0.90であり，0.70以上という基準値を満たしていた

（Nunnally and Bernstein, 1994）。同様に，尺度の信頼性を表わす合成信頼性（CR）の値は，それぞれ0.96，0.94，0.82，および0.89であり，既存研究が推奨する基準値を満たしていた（Bagozzi and Yi, 1988）。さらに，尺度の妥当性を示すための指標である平均分散抽出度（AVE）は，それぞれ0.86，0.81，0.61，および0.73であり，既存研究が推奨する基準値を満たしていた（Bagozzi and Yi, 1988）。

4.3 マニピュレーション・チェック

　実験室実験において提示されたクチコミ・メッセージの正負のばらつきに関して，被験者が回答したデータを用いて，t検定を実施した。分析の結果，クチコミ・メッセージの正負のばらつきが大きいウェブページ，およびクチコミ・メッセージの正負のばらつきが小さいページに対して，被験者が知覚したクチコミ・メッセージの正負のばらつきの平均値は，それぞれ5.19（S.D.= 1.34）および2.59（S.D.= 1.38）であり，両者の間には，1％水準で有意な差が認められた（$t = 11.47, p < 0.01$）。すなわち，クチコミ・メッセージの正負のばらつきが大きいウェブページの方が，小さいページより，正のeクチコミと負のeクチコミが同程度に存在していると知覚されているということが示された。したがって，クチコミ・メッセージの正負のばらつきに関する操作は妥当に行われたと判断できるだろう。

　続いて，提示されたウェブページ上のクチコミの便益中心度に関して，回答データの平均値を用いて，t検定を実施した。分析の結果，便益中心的クチコミが掲載されているページおよび属性中心的クチコミが掲載されているページに対して，被験者が知覚したクチコミの便益中心度の平均値は，それぞれ5.55（S.D.= 1.25）および4.35（S.D.= 1.49）であり，両者の間には，1％水準で有意な差が認められた（$t = -5.62, p < 0.01$）。すなわち，便益中心的クチコミが掲載されているページの方が，属性中心的クチコミが掲載されているページより，当該ページ上のクチコミが製品を使用することによって得られる便益について述べていると知覚されているということが示された。したがって，クチコミの便益中心度に関する操作は妥当に行われたと判断できるだろう。

同様に，提示されたウェブページ上のクチコミの属性中心度に関して，回答データの平均値を用いて，t 検定を実施した。分析の結果，便益中心的クチコミが掲載されているページおよび属性中心的クチコミが掲載されているページに対して，被験者が知覚したクチコミの属性中心度の平均値は，それぞれ3.73（S.D. = 1.46）および5.29（S.D. = 1.14）であり，両者の間には，1％水準で有意な差が認められた（$t = 7.14, p < 0.01$）。すなわち，属性中心的クチコミが掲載されているページの方が，便益中心的クチコミが掲載されているページより，当該ページ上の e クチコミが製品の属性について述べていると知覚されているということが示された。したがって，e クチコミの属性中心度に関する操作は妥当に行われたと判断できるだろう。

● 4.4　分析結果

　実験室実験で収集した消費者データを用いて，独立変数を，「クチコミ・メッセージの正負のばらつき」（大／小）および「クチコミ・メッセージの訴求内容の種類」（便益中心的／属性中心的）の 2 × 2，従属変数を，「クチコミ掲載ページへの情報探索意図」の平均値に設定したうえで，二元配置分散分析を行った。なお，Levene の等分散検定を行った結果，各実験用ウェブページに割り当てられた被験者の全グループの分散に有意な差が認められなかった。この結果から，各グループの分散が等しくなければならないという分散分析の要件に関して問題が見出されなかったと判断され，それゆえ，二元配置分散分析を行うことは妥当であるだろう。

　従属変数として「クチコミ掲載ページへの情報探索意図」を設定した分散分析の結果，モデル全体，各要因の主効果，および 2 要因の交互効果に関する F 値は，**表10-2**に示されるとおりであった。

　「クチコミ・メッセージの正負のばらつき」の主効果は非有意である一方（$F = 1.22, p > 0.10$），「クチコミ・メッセージの訴求内容の種類」の主効果は有意であるということが示された（$F = 18.35, p < 0.01$）。さらに，2 要因の交互効果は有意であるということが示された（$F = 53.53, p < 0.01$）。

　「クチコミ掲載ページへの情報探索意図」における「クチコミ・メッセー

表10-2　研究8における分散分析の結果

モデルの全体的評価	$F=24.37^a$
X_1（クチコミ・メッセージの正負のばらつき）	$F=1.22$
X_2（クチコミ・メッセージの訴求内容の種類）	$F=18.35^a$
$X_1 \times X_2$（クチコミ・メッセージの正負のばらつきおよびクチコミ・メッセージの訴求内容の種類の交互効果）	$F=53.53^a$

（注）^{a} は 1 ％水準で有意，無印は非有意。

表10-3　クチコミ・メッセージの正負のばらつきと訴求内容の種類別の情報探索意図の平均値と標準偏差

Y（クチコミ掲載ページへの情報探索意図）			クチコミ・メッセージの正負のばらつき	
			大	小
クチコミ・メッセージの訴求内容の種類	便益中心	平均値（標準偏差）	5.14 (1.45)	3.67 (1.41)
	属性中心	平均値（標準偏差）	2.40 (1.20)	4.39 (1.33)

ジの正負のばらつき」と「クチコミ・メッセージの訴求内容の種類」の交互効果は，**表10-3**および**図10-2**に示されるとおりであった。

　クチコミ・メッセージの訴求内容が便益中心的である場合，クチコミ・メッセージの正負のばらつきが大きいとき，および，小さいとき，「クチコミ掲載ページへの情報探索意図」の平均値は，それぞれ5.14（S.D. = 1.45）および3.67（S.D. = 1.41）という値を示した。Tukey の HSD 法による多重比較分析を行った結果，クチコミ・メッセージの正負のばらつきが大きいときと小さいときの間には，1 ％水準で有意な差が認められた。したがって，1 つのウェブページ上における便益中心的クチコミの正負のばらつきが大きい場合の方が，便益中心的クチコミ正負のばらつきが小さい場合より，クチコミ掲載ページに対する消費者の情報探索意図は高い，という**仮説8.1**は支持された。

　一方，クチコミ・メッセージの訴求内容が属性中心的である場合，クチコミ・メッセージの正負のばらつきが大きいとき，および，小さいとき，「ク

図10-2　クチコミ・メッセージの正負のばらつきと訴求内容の種類の交互効果

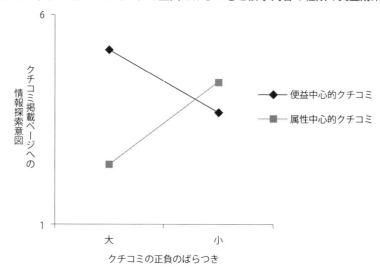

チコミ掲載ページへの情報探索意図」の平均値は，それぞれ2.40（S.D. = 1.26）および4.39（S.D. = 1.53）という値を示した。Tukey の HSD 法による多重比較分析の結果，クチコミ・メッセージの正負のばらつきが大きいときと小さいときの間には，1％水準で有意な差が認められた。したがって，1つのウェブページ上における属性中心的クチコミの正負のばらつきが大きい場合の方が，属性中心的クチコミの正負のばらつきが小さい場合より，クチコミ掲載ページに対する消費者の情報探索意図は低い，という**仮説8.2**は支持された。

⬤ 4.5　考　　察

　分析の結果から，1つのウェブページ上における便益中心的クチコミの正負のばらつきが大きい場合の方が，便益中心的クチコミ正負のばらつきが小さい場合より，クチコミ掲載ページに対する消費者の情報探索意図は高いということが示された。さらに，1つのウェブページ上における属性中心的クチコミの正負のばらつきが大きい場合の方が，属性中心的クチコミの正負の

ばらつきが小さい場合より，クチコミ掲載ページに対する消費者の情報探索意図は低いということが示された。すなわち，クチコミ・メッセージが製品の便益を中心的に訴求する内容である場合，そのeクチコミの正負のばらつきが大きければ，消費者がそのクチコミ掲載ページ上を注意深く情報探索しようとする一方，クチコミ・メッセージが製品の属性を中心的に訴求する内容である場合，そのeクチコミの正負のばらつきが小さければ，消費者がそのクチコミ掲載ページ上を注意深く情報探索しようとするということが示唆された。このことから，情報取得段階にある消費者が，賛否両論のクチコミサイト，すなわち，複数のeクチコミの中に正負のばらつきがあるクチコミサイトを閲覧した際に，そのウェブページに掲載されているクチコミ・メッセージの訴求内容の種類の差異に伴って，そのページに対する情報探索意図も異なると結論づけられた。

　また，分析の結果から，クチコミ・メッセージの正負のばらつきが大きいときの方が，正負のばらつきが小さいときより，そのクチコミ・メッセージの訴求内容が便益中心的である場合と属性中心的である場合の間における，消費者のクチコミ掲載ページへの情報探索意図の差分が大きかった。これは，負の便益中心的クチコミと負の属性中心的クチコミが消費者のクチコミ掲載ページへの情報探索意図にそれぞれ異なる影響を与えることに由来すると考えられる。すなわち，eクチコミの訴求内容が便益中心的である場合，1つのウェブページ上に負のeクチコミが正のeクチコミと同程度存在する状況は，受信者である消費者に，クチコミ発信者の嗜好が多様であると認識され，そのページ上のeクチコミは注意深く読む必要があると見なされるだろう。一方，eクチコミの訴求内容が属性中心的である場合，1つのウェブページ上に負のeクチコミが正のeクチコミと同程度存在する状況は，受信者である消費者に，クチコミ対象製品の誤った属性情報に基づく製品評価が混在していると認識され，そのページ上のeクチコミは読むに値しないと見なされるだろう。それゆえ，1つのウェブページ上における負の便益中心的クチコミの存在は，消費者のそのページ上での情報探索を促進する一方，負の属性中心的クチコミの存在は，消費者のそのページ上での情報探索を阻害するということが示唆されたと考えられる。

第5節　研究8の総括

　前章までの一連の研究においては，eクチコミの正負比率と消費者の製品評価の関係に対する製品・受信者・情報・環境特性の調整効果を分析した。そして，負のeクチコミの存在が消費者の製品評価に正の影響を与える条件，その影響が促進される条件，および，負のeクチコミの存在による負の影響が緩和される条件が識別された。これらの研究を含めてeクチコミの影響に関する既存研究は，消費者が1つのウェブページ上に掲載された単一のあるいは複数のeクチコミに露出したうえで，そのクチコミ・メッセージに基づいてクチコミ対象製品を評価するという状況を想定していた。すなわち，消費者購買意思決定プロセスの情報統合段階および製品評価段階に焦点を合わせて，eクチコミの正負比率が，製品に対する態度や購買意図といった消費者の製品評価因子に与える影響を検討するのに留まっており，消費者購買意思決定プロセスのより上流の情報取得段階に着目して，eクチコミの正負比率と消費者の情報取得行動の関係を考慮してこなかった。

　第10章においては，そうした既存研究の問題点に対応して，eクチコミの説明対象として，消費者の情報取得段階に着目し，eクチコミの正負比率が消費者の情報取得行動にいかなる影響を与えるのかを検討した。具体的には，1つのウェブページ上のクチコミ・メッセージの正負のばらつきが大きいときと小さいとき，そのクチコミ・メッセージの訴求内容が便益中心的であるのか，あるいは，属性中心的であるのかというクチコミ・メッセージの訴求内容の種類の差異に伴って，そのウェブページに対する消費者の情報探索意図がどのように異なるのかを検討した。分析の結果，便益中心的クチコミの正負のばらつきが大きい場合の方が，便益中心的クチコミの正負のばらつきが小さい場合より，消費者のクチコミ掲載ページへの情報探索意図が高かった一方，属性中心的クチコミの正負のばらつきが小さい場合の方が，属性中

心的クチコミの正負のばらつきが大きい場合より，消費者のクチコミ掲載ページへの情報探索意図が高かった。したがって，クチコミ・メッセージの正負のばらつきが消費者の情報取得行動に与える影響は，クチコミ・メッセージの訴求内容によって調整されると結論づけられた。

　第10章は，既存研究が残した課題に取り組み，ｅクチコミの説明対象として，消費者の製品評価ではなく，消費者購買意思決定プロセスの上流に当たる情報取得に着目することによって，ｅクチコミの正負のばらつきの違いに伴って，消費者の情報取得行動も異なるという新たな知見を提供することに成功したと考えられる。

第**11**章　おわりに

第1節　本書のまとめ

　本書の目的は，受け手が正あるいは負のクチコミのどちらか一方にしか露出できない対面クチコミとは異なり，受信者が異なる複数の情報源から発信された正と負のクチコミに同時に露出することができるというeクチコミに特有の特徴を考慮し，eクチコミの正負比率が消費者行動に与える多様な影響をモデル化し，実証することであった。具体的に，本書は，大きく分けて2つの研究課題に対応した。**研究課題1**は，「消費者が1つのウェブページ上で複数の正と負のeクチコミに同時に露出する状況を想定すると生じうる3つの現象，すなわち，負のeクチコミの存在が消費者の製品評価に正の影響を与える現象，その影響が促進される現象，および，負のeクチコミの存在による負の影響が緩和される現象がいかなる条件のもとで生起するのか」を検討することであった。**研究課題2**は，「1つのウェブページ上で複数の正と負のeクチコミに露出した消費者が，同一ページ上での情報探索を注意深く行なおうとしたり，逆に中断したりするという現象がいかにして生起するのか」を検討することであった。これら2つの研究課題に対応して，一連の分析を行った。研究1から研究7においては**研究課題1**に対応した一方，研究8においては**研究課題2**に対応した。

 ## 1.1　研究課題1に対応した一連の研究の結論

　上述した**研究課題1**は，(1－i)負のeクチコミの存在が消費者の製品評価に正の影響を与える現象，(1－ii)その影響が促進される現象，および，(1－iii)負のeクチコミの存在による負の影響が緩和される現象に別々に着目することによって，3つの小課題に分解された。以下では，3つの小課題に対応した研究の結論が議論される。

◆(1−i)負のeクチコミの正の影響が生起する条件

eクチコミの正負比率に着目した先行研究は，多数の正のeクチコミの中に存在する一定の割合の負のeクチコミが消費者行動に正の影響を与えるという興味深い現象が生起すると報告した（Doh and Hwang, 2009）。しかしながら，先行研究において，そうした現象がいかなる条件のもとで生起するのかということについては検討されていなかった。そのため，**研究課題（1−i）**として，負のeクチコミの存在が消費者の製品評価に正の影響を与える現象がいかなる条件のもとで生起するのかという課題を設定し，この課題に対応する3つの研究を行った。具体的には，eクチコミの正負比率と消費者の製品評価の関係に対して，クチコミ対象製品の種類が与える影響を研究1において，クチコミ対象製品カテゴリーに対する消費者の専門性とクチコミ・メッセージの訴求内容の種類が与える影響を研究2において，そして，クチコミ・プラットフォームの種類が与える影響を研究3において検討した。各研究は，実験によって収集した消費者データを用いて分析を行った。

研究1では，eクチコミの正負比率（10:0／8:2／6:4），およびクチコミ対象製品の種類（快楽財／実用財）が消費者の製品評価に与える影響を分析した。分析の結果，快楽財である場合，多数の正のeクチコミの中に一定の割合の負のeクチコミが存在するときの方が，消費者はクチコミ対象製品を高く評価した。一方，実用財である場合，負のeクチコミが全く存在しないときの方が，消費者はクチコミ対象製品を高く評価した。

研究2では，eクチコミの正負比率（10:0／8:2／6:4），受信者である消費者の専門性（高／低），およびクチコミ・メッセージの訴求内容の種類（属性中心的／便益中心的）が消費者の製品評価に与える影響を分析した。分析の結果，専門性の高い消費者が属性中心的クチコミを読む場合，多数の正のeクチコミの中に一定の割合の負のeクチコミが存在するときの方が，消費者はクチコミ対象製品を高く評価した。一方，専門性の低い消費者が便益中心的クチコミを読む場合，負のeクチコミが全く存在しないときの方が，消費者はクチコミ対象製品を高く評価した。

研究3では，eクチコミの正負比率（10:0／8:2／6:4），およびクチコミ・プラットフォームの種類（マーケター作成型／非マーケター作成型）が消費者

の製品評価に与える影響を分析した。分析の結果，マーケター作成型プラットフォームの場合，多数の正のeクチコミの中に一定の割合の負のeクチコミが存在するときの方が，消費者はクチコミ対象製品を高く評価した。一方，非マーケター作成型プラットフォームの場合，負のeクチコミが全く存在しないときの方が，消費者はクチコミ対象製品を高く評価した。

　これら3つの研究の結果から，多数の正のeクチコミの中に一定の割合の負のeクチコミが消費者の製品評価に正の影響を与えるのは，快楽財である場合，専門性の高い消費者が属性中心的クチコミを読む場合，およびマーケター作成型プラットフォームの場合であると結論づけられた。

◆(1−ii)負のeクチコミの正の影響が促進される条件
　研究課題(1−i)に対応する研究群によって，1つのウェブページ上における負のeクチコミの存在が消費者の製品評価に正の影響を与える条件が識別されたが，そうした負のeクチコミの存在による正の影響はいかなる条件のもとで促進されるのかということについては検討されていなかった。さらに，既存研究は，消費者が1つのウェブページ上で複数の正と負のeクチコミに同時に露出することができるというeクチコミに特有の特徴を考慮することに伴って浮上する別の特徴，すなわち1つのウェブページ上における正のeクチコミと負のeクチコミの掲載順に着目してこなかった。

　したがって，**研究課題(1−ii)**として，多数の正のeクチコミの中に存在する一定の割合の負のeクチコミが消費者の製品評価に与える正の影響はいかなる条件のもとで促進されるのかという課題を設定し，この課題に対応する2つの研究を行った。具体的には，多数の正のeクチコミの中に存在する一定の割合の負のeクチコミが消費者の製品評価に正の影響を与える現象が生起する条件のうち，クチコミ対象製品が快楽財である場合と専門性の高い消費者が属性中心的クチコミを読む場合において，eクチコミの掲載順が消費者の製品評価にいかなる影響を与えるのかを検討した。研究4では前者の条件に，研究5では後者の条件にそれぞれ焦点を合わせた。各研究は，実験によって収集した消費者データを用いて分析を行った。

　研究4では，クチコミ対象製品が快楽財である状況を，研究5では，専門

性の高い消費者が属性中心的クチコミを読む状況を設定したうえで，eクチコミの正負比率（10:0／8:2／6:4），および，負のeクチコミの掲載順（先頭／ランダム／末尾）が，消費者の製品評価に与える影響を分析した。分析の結果，どちらの状況下においても，多数の正のeクチコミの中に存在する一定の割合の負のeクチコミがまとめてページの先頭に掲載されるときの方が，負のeクチコミがまとめてページの末尾に掲載されるときより，消費者はクチコミ対象製品を高く評価した。

　これら2つの研究の結果から，多数の正のeクチコミの中に存在する一定の割合の負のeクチコミが消費者の製品評価に与える正の影響が促進されるのは，負のeクチコミがまとめてページの先頭に並ぶ場合であると結論づけられた。

◆(1−iii)負のeクチコミ比率の負の影響が緩和される条件

　既存研究は，負の対面クチコミや負のeクチコミの影響を緩和する条件を識別した。その条件とは，消費者のブランド精通性が高い場合とクチコミ対象製品が探索財である場合である。これらの条件のもとでは，1つのウェブページ上に負のeクチコミが存在する比率に従って消費者行動が受ける負の影響も緩和されるかもしれない。それにもかかわらず，負のeクチコミの比率の影響が緩和される条件について十分な検討がなされてこなかった。さらに，負の対面クチコミや負のeクチコミの影響を緩和する条件を識別した研究は，消費者が負のクチコミのみに露出する状況を想定してしまっている。そこで，**研究課題(1−iii)** として，消費者が1つのウェブページ上で複数の正と負のeクチコミに同時に露出する状況において，そのページ上における負のeクチコミの比率が消費者の製品評価に与える負の影響は，いかなる条件のもとで緩和されるのかという課題を設定し，その課題に対応する2つの研究を行った。具体的には，eクチコミの正負比率と消費者の製品評価の関係に対して，探索財／経験財というクチコミ対象製品の種類が与える影響を研究6において，そして，クチコミ対象製品に対する消費者のブランド精通性が与える影響を研究7において検討した。各研究は，実験によって収集した消費者データを用いて分析を行った。

研究6では，eクチコミの正負比率（10:0／8:2／6:4）とクチコミ対象製品の種類（探索財／経験財）が消費者の製品評価に与える影響を分析した。分析の結果，探索財である場合，1つのウェブページ上における負のeクチコミの比率が増加しても，消費者の製品評価は緩やかに低下した一方，経験財である場合，そのページ上の負のeクチコミの比率の増加に比例して，製品に対する評価は低下した。

　研究7では，eクチコミの正負比率（10:0／8:2／6:4）とブランド精通性（高／低）が消費者のブランド評価に与える影響を分析した。分析の結果，ブランド精通性が高い場合，1つのウェブページ上における負のeクチコミの比率が増加しても，消費者のブランド評価は緩やかに低下した一方，ブランド精通性が低い場合，そのページ上の負のeクチコミの比率の増加に比例して，ブランドに対する評価は低下した。

　これら2つの研究の結果から，1つのウェブページ上における負のeクチコミの比率が消費者の製品評価に与える負の影響が緩和される条件は，ブランド精通性が高い場合と探索財である場合であると結論づけられた。

1.2　研究課題2に対応した研究の結論

　本書の**研究課題2**に対応して行われたのが，研究8である。この研究の目的は，消費者購買意思決定プロセスにおける情報取得段階に着目して，1つのウェブページ上で複数の正と負のeクチコミに同時に露出した消費者が，同一ページ上での情報探索を注意深く行おうとしたり，逆に中断したりするという現象がいかにして生起するのかを検討することである。

　eクチコミの影響に関する既存研究は，消費者が1つのウェブページ上で単一のあるいは複数のeクチコミに露出したうえで，そのクチコミ・メッセージに基づいてクチコミ対象製品を評価するという状況を前提としてきた。すなわち，既存研究の大半は，消費者購買意思決定プロセスにおける情報統合段階および製品評価段階に焦点を合わせており，そのプロセスの川上の段階である情報取得段階に着目してこなかった。したがって，eクチコミの正負比率と受信者である消費者の情報取得行動の関係は検討されてこなかった。

既存研究によって残された問題に対応するため，1つのウェブページ上の
クチコミ・メッセージの訴求内容（便益中心的／属性中心的）とクチコミ・メ
ッセージの正負のばらつき（大／小）が，そのページに対する消費者の情報
探索意図に与える影響を分析した。実験によって収集した消費者データを用
いた分析の結果，便益中心的クチコミの正負のばらつきが大きい場合の方が，
便益中心的クチコミの正負のばらつきが小さい場合より，消費者のクチコミ
掲載ページへの情報探索意図が高い一方，属性中心的クチコミの正負のばら
つきが小さい場合の方が，属性中心的クチコミの正負のばらつきが大きい場
合より，消費者のクチコミ掲載ページへの情報探索意図が高いということが
見出された。この結果から，eクチコミの正負比率の説明対象を，消費者購
買意思決定プロセスにおける情報統合・製品評価段階から情報取得段階まで
拡張することによって，eクチコミの正負比率が消費者の情報取得行動に与
える影響は，クチコミ・メッセージの訴求内容の種類によって調整されると
いう知見が得られた。
　以上のように，本書は　大きく分けて2つの研究課題に焦点を合わせて，
それぞれの研究課題に対応する研究を行ってきた。各研究の結果は**表11-1**
に示されるとおりである。

第2節　限界と今後の課題

 2.1　本書の限界

　本書は，いくつかの限界および課題を抱えている。第1に，本書は，分析
に際して，既存研究（e.g., Doh and Hwang, 2009; Lee, *et al.*, 2008; Park and
Lee, 2009）において採用された方法を踏まえて，大学生を対象とした小規模

表11-1　本書における研究の結果のまとめ

研究	従属変数	情報特性	製品特性	受信者特性	環境特性	結果
研究課題（1－ⅰ）：負のeクチコミの正の影響が生起する条件							
研究1	製品評価	・eクチコミの正負比率	・快楽財/実用財			・快楽財である場合，多数の正のeクチコミの中に一定の割合の負のeクチコミが存在するときの方が，製品評価は高かった。
研究2	製品評価	・eクチコミの正負比率 ・メッセージの訴求内容		・専門性		・専門性の高い消費者が属性中心的クチコミを読む場合，多数の正のeクチコミの中に一定の割合の負のeクチコミが存在するときの方が，製品評価は高かった。
研究3	製品評価	・eクチコミの正負比率			・クチコミ・プラットフォームの種類	・マーケター作成型プラットフォームの場合，多数の正のeクチコミの中に一定の割合の負のeクチコミが存在するときの方が，製品評価は高かった。
研究課題（1－ⅱ）：負のeクチコミの正の影響が促進される条件							
研究4	製品評価	・eクチコミの正負比率 ・掲載順	・快楽財			・快楽財である場合において，多数の正のeクチコミの中に存在する一定の割合の負のeクチコミがまとめてページの先頭に掲載されるときの方が，末尾に掲載されるときより，製品評価は高かった。
研究5	製品評価	・eクチコミの正負比率 ・掲載順 ・メッセージの訴求内容		・専門性		・専門性の高い消費者が属性中心的クチコミを読む場合において，多数の正のeクチコミの中に存在する一定の割合の負のeクチコミがまとめてページの先頭に掲載されるときの方が，末尾に掲載されるときより，製品評価は高かった。
研究課題（1－ⅲ）：負のeクチコミ比率の負の影響が緩和される条件							
研究6	製品評価	・eクチコミの正負比率	・探索財/経験財			・探索財である場合，1つのウェブページ上における負のeクチコミの比率が増加しても，製品評価は緩やかに低下した。
研究7	製品評価	・eクチコミの正負比率		・精通性		・ブランド精通性の高い場合，1つのウェブページ上における負のeクチコミの比率が増加しても，ブランド評価は緩やかに低下した。
研究課題2：eクチコミの正負比率と消費者の情報取得行動の関係							
研究8	情報探索意図	・eクチコミの正負のばらつき ・メッセージの訴求内容				・便益中心的クチコミの正負のばらつきが大きい場合の方が，消費者のクチコミ掲載ページへの情報探索意図が高かった一方，属性中心的クチコミの正負のばらつきが小さい場合の方が，消費者のクチコミ掲載ページへの情報探索意図が高かった。

な実験室実験を行った。具体的には，独自に作成した仮想のクチコミサイト
を被験者に提示した後，調査票に回答してもらうという既存研究における実
験デザインに準じて，消費者データを収集した。今後の研究では，様々な年
代の消費者を対象に実験を行ったり，大規模なデータを収集できるよう大人
数を対象としたサーベイ調査を行ったりすることが望ましいだろう。

　第2に，第3章の研究1から第9章の研究7における実験においては，e
クチコミの正負比率を操作するのに際して，10:0，8:2，および6:4という3
つの水準を設定した。eクチコミの正負比率に着目した先行研究において，
例えば，Doh and Hwang（2009）は，10:0，9:1，8:2，7:3，および6:4と
いう5通りの比率の設定を，Lee, et al.（2008）は，2:6および4:4という2通
りの比率を設定している。前者のようにeクチコミの正負比率を細かく設定
すれば，被験者数が多人数必要となる一方，後者のようにeクチコミの正負
比率を大まかに設定すれば，特に，研究6や研究7において想定したような
負のeクチコミの比率の増減と消費者の製品評価の低下率の関係を描写する
ことができなかった。研究1から研究7は，本書の**研究課題1**に対応してい
ることから研究間の一貫性を保つため，そして，被験者数がそれほど多く必
要にならない最小限の比率を確保するために，3通りのeクチコミの正負比
率を準備した。したがって，今後の研究においては，eクチコミの正負比率
をより細かく設定することによって，eクチコミの正負比率と消費者の製品
評価の関係を詳細に描写することが望ましいだろう。さらに，第10章の研究
8を含めて，本書における研究は，1つのウェブページ上に正のeクチコミ
の方が負のeクチコミより多く存在する状況と，それらが同程度存在する状
況を分析対象にした。すなわち，正のeクチコミではなく負のeクチコミの
方が多く存在する状況は分析対象外であった。したがって，今後の研究にお
いては，1つのウェブページ上に負のeクチコミの方が正のeクチコミより
多く存在する状況を想定して，eクチコミの正負比率が消費者行動に与える
影響を検討する必要があるだろう。

　第3に，本書の研究1は，快楽財として映画とマンガを，実用財としてポー
タブル・メディア・プレーヤーとデジタルカメラを，研究2は，映画とデ
ジタルカメラを，研究3は，英会話学習用ソフトウェアを，研究4は，快楽

財として映画を，研究5は，映画とデジタルカメラを，研究6は，探索財として家庭用エアコンを，経験財として英会話学習用ソフトウェアを，研究7は，家庭用エアコンを，研究8はデジタルカメラを，それぞれ実験対象製品として使用した。しかしながら，各研究において使用された製品以外にも，パソコンや家電製品，食品，化粧品，衣服といったカテゴリーの製品だけでなく，住宅や自動車といった高価格かつ消費者の関与度が高いカテゴリーの製品も実験対象製品の候補として挙げられる。また，飲食店，旅館・ホテル，あるいは美容室といったサービスや，信頼財と呼ばれるカテゴリーに属する弁護士や医師によって提供されるサービスも実験対象製品の候補になりうるだろう。したがって，今後の研究においては，様々な製品・サービスを実験対象にすることによって，本書で提唱された仮説の外部妥当性を高める必要があるだろう。

　第4に，本書の各研究において行われた実験では，従属変数として設定したクチコミ対象製品に対する態度や購買意図，消費者の情報探索意図という変数を測定する際，実験用サイトを被験者に提示した後に，それらの変数の質問項目に回答してもらうことによってデータを収集した。既存研究における実験デザインを踏まえていたものの，そのように測定した各変数のデータでは，eクチコミの正負比率の影響を測定するには不十分であったかもしれない。すなわち，消費者が実験用サイトを閲覧する前の時点と閲覧した後の時点の間における，クチコミ対象製品に対する態度や購買意図，消費者の情報探索意図の水準の差を考慮することによって，eクチコミの正負比率の影響を測定する必要があったかもしれない。したがって，今後の研究においては，被験者に実験用サイトを提示する前に，従属変数として設定する変数の質問項目に回答してもらったうえで，回答後に本書のような設計の実験を実行することが望ましいだろう。

2.2　今後の課題

　本書には，今後の研究によって取り組まれるべきいくつかの課題を残している。第1に，本書は，eクチコミの正負比率に関する研究潮流に依拠して，

実験室実験を行って収集した消費者データを用いて，一連の研究を行った。実験には，様々な要因の影響を統制し，因果関係について妥当な結論を導出することができるという良さがある一方で，実験で操作された状況が非現実的になりやすく，その結論の外部妥当性を満たしにくいという欠点もある。したがって，今後は，クチコミに関する2次データを活用して，本書において提唱された仮説を再検討する必要があるだろう。具体的には，2次データを使用してeクチコミの影響を分析している多くの研究[1]において用いられたデータ収集方法やeクチコミの影響の測定方法を参照し，実際のクチコミサイトやオンラインショッピングサイトにおける大規模なクチコミデータを取り扱って，eクチコミの正負比率の影響を分析する必要があるだろう。

　第2に，本書は，消費者が1つのウェブページ上で複数の正と負のeクチコミに同時に露出する状況を想定して，eクチコミの正負比率が消費者行動に与える影響を検討した。その際，1つのウェブページ上の複数のクチコミが消費者行動に与える影響の度合いは一定であると仮定していた。すなわち，複数あるうちの1個の負のeクチコミの内容が極めて否定的であることによって，あるいは，信憑性および専門性の高い発信者によって発信されたeクチコミが1個存在することによって，消費者の製品評価が大きく左右されるような状況を捨象してしまっている。また，1つのウェブページ上に存在する負のeクチコミすべてに対して，企業から的確なコメントを提示して対応することによって，それらの負のeクチコミの負の影響は軽減され，その企業やクチコミ対象製品に対する評価は好意的になされるような状況も考慮されていない。したがって，今後は，各eクチコミにおいて述べられる肯定的あるいは否定的評価の度合い[2]，eクチコミの発信者の特性の違い[3]，あるいは，eクチコミに対する企業の対応の有無[4]や適切さの違いに起因する消費者行動の差異を検討する必要があるだろう。

　第3に，本書は，クチコミ受信者である消費者の心理・行動に焦点を合わせて，eクチコミの正負比率の影響を検討した。すなわち，eクチコミの正負比率がクチコミ発信者である消費者の情報提供行動に影響を与えるという現象を考慮に入れていない。そのような現象として，例えば，ある製品に非常に満足した消費者がその製品に関するクチコミサイトを閲覧した際，1つ

のウェブページ上における負のeクチコミの比率が低い場合，eクチコミを発信しようとはしないかもしれない。その一方，負のeクチコミの比率が高い場合，正のeクチコミを発信しようとするかもしれない。また，ある製品に関して正のeクチコミと負のeクチコミが同程度存在する場合，すなわちクチコミ・メッセージのばらつきが大きい場合，消費者は，発信者間で製品の評価が対立している状況に直面することによって，自身の意見を表明しようとして，正あるいは負のeクチコミを積極的に発信しようとするかもしれない。こうした現象を考慮に入れることによって，今後は，eクチコミの正負比率が消費者のクチコミ発信行動に影響を与えるのか否か，与えるとしたらいかなる影響を与えるのかを検討する必要があるだろう。

　第4に，本書は，eクチコミの正負比率に着目して，eクチコミが消費者行動に与える多様な影響を描写することを試みた。すなわち，eクチコミが登場し，それが消費者の情報探索の手段として一般化したことが，消費者の製品選択行動あるいはプロセスにマクロレベルでいかなる影響をもたらしたのかは考慮に入れていない。したがって，今後は，マクロ的観点からeクチコミが消費者行動に与える影響を検討することが必要であるだろう。具体的には，eクチコミの登場前後において，消費者の製品選択に至る時間にはいかなる変化がもたらされたのか，あるいは，eクチコミの登場によって，消費者はより良い製品を選択することに成功し，それについて満足しているのか否かといった点についても考慮する必要があるかもしれない。

　第5に，本書は，製品特性として，快楽財／実用財や探索財／経験財というクチコミ対象製品の種類を，受信者特性として，クチコミ対象製品カテゴリーに対する専門性やクチコミ対象ブランドに対する精通性を，情報特性として，クチコミ・メッセージの訴求内容の種類や掲載順を，そして，環境特性として，クチコミ・プラットフォームの種類を考慮に入れた。製品，受信者，情報，環境特性としてこれらの概念を考慮に入れた理由は，これらが対面クチコミあるいはeクチコミの影響に関する既存研究において検討されてきた重要な概念であり，eクチコミの正負比率の影響における調整変数として考慮する必要性が高いと判断したためである。しかしながら，本書は，考慮の対象とした概念同士の関係や，関与や知識といった消費者行動研究にお

ける重要な概念との関係を検討および整序しきれていない。したがって，今後は，本書においてeクチコミの正負比率の影響における調整変数として考慮した概念を整序あるいは精緻化したうえで，eクチコミの正負比率が消費者行動に与える影響を描写したより統合的なモデルを構築する必要があるだろう。

　このように，eクチコミの影響に関する研究において取り組むべき研究課題は豊富に存在する。そうした豊富な研究課題に取り組み，新たな知見を提供し続けることによって，eクチコミ研究の成熟および発展に対して貢献を成したい。

(1) 2次データを用いてeクチコミの影響を分析した代表的な研究として，例えば Chevalier and Mayzlin（2006），Duan, *et al.*（2008），濵岡・里村（2009），Liu（2006 が挙げられる。

(2) eクチコミにおいて述べられる肯定的あるいは否定的評価の度合いは，eクチコ の符号の強度（valence intensity）と呼ばれる。eクチコミの正負の符号の影響 ついて検討した代表的な研究として，例えば Floh, Koller, and Zauner（2013） 挙げられる。

(3) eクチコミの発信者の特性の違いを考慮した研究として，例えば発信者と受信者 類似性に着目した澁谷（2013）や発信者の専門性に着目した Senecal and Nan （2004），発信者の信憑性に着目した Chu and Kamal（2008）が挙げられる。

(4) 企業の対応の有無やその対応の仕方の違いを考慮した研究として，例えば Noort and Williemsen（2012）が挙げられる。

あとがき

　本書は，筆者がマーケティング論という学問に出会い，そして出会ったときから筆者の知的好奇心を駆り立て続けているeクチコミの影響についての研究成果をまとめた著書である。

　私たちは，製品でもサービスでも何か気になるものがあれば，すぐさまインターネットで検索し，それらに関する数多くのeクチコミを一度に目にすることができる。eクチコミに関する既存研究の多くは，このようなeクチコミに特有の特徴，つまり，消費者が1つのウェブページ上で複数のeクチコミに同時に露出することができるという特徴を考慮に入れずに，eクチコミが消費者行動に与える影響を議論していた。こうした既存研究の限界に対して，大学学部時代以来，今日まで取り組んできた成果を著書という形で結実させることができたことを喜ばしく思う。

　筆者にとって初めての著書として，本書がこのように完成の日を迎えることができたのは，じつに多くの方々から貴重なご指導やお力添えをいただいたおかげである。この場を借りて感謝申し上げたい。

　まず，学部時代からの恩師である小野晃典先生（慶應義塾大学商学部教授）には，大学3年次に研究会に入会させていただいた時から，修士課程，博士課程，そして教職に就いた今日に至るまで，指導教授として多大なるご指導ご鞭撻を賜った。マーケティング論，消費者行動論という学問の世界の扉を筆者に開いてくださり，その世界がいかに広く，興味深いアイデアに満ち溢れているのかを常に教えてくださった。本書を取りまとめるのに際しても，本書を構成する各章の具体的な研究内容については当然のことながら，本書全体を通じていかなるリサーチクエッションに取り組むのか，同時に各研究の主張をいかにして体系化するのかということについて，数え切れないほどのご指導とご助言をいただいた。マーケティング研究者として，また大学教

員として筆者の今日があるのは，偏に小野先生のご指導のおかげである。筆者の研究生活における喜びも苦しみも共に分かち合ってくださった小野先生にこの場を借りて格別なる感謝の意を表したい。

また，髙橋郁夫先生（慶應義塾大学商学部教授），齊藤通貴先生（慶應義塾大学准教授），濵岡豊先生（慶應義塾大学商学部教授），清水聰先生（慶應義塾大学商学部教授），里村卓也先生（慶應義塾大学商学部教授），および髙田英亮先生（慶應義塾大学商学部准教授）に心より感謝申し上げたい。義塾の先生方には，大学院の修士課程と博士課程を通して，常にマーケティング研究の世界の広がりを説いていただき，本書の研究内容に対しても広い視野から多くのご指導を賜った。マーケティングへの興味をより深め，研究者としての道を歩めるようになったのは，義塾で先生方よりいただいた貴重な教えとご恩情があったからだろう。

同門の先輩である森岡耕作先生（東京経済大学経営学部准教授），千葉貴宏先生（関西大学商学部准教授）には，研究への取り組み方や研究者としてのキャリアパスなど親身に相談に乗っていただき，いつも貴重な助言を数多くくださった。また，同期である白石秀壽先生（鳥取大学地域学部講師），後輩である竹内亮介先生（東洋大学経営学部講師），中村世名先生（専修大学経営学部講師），石井隆太先生（福井県立大学経済学部助教）とは，大学院の同じ研究室の仲間として共に議論を交わし，互いに切磋琢磨し合いながら研究に取り組んできた。ここに記して厚く御礼申し上げたい。

勤務校である立命館大学経営学部においては，マーケティング分野の齋藤雅通先生，木下明浩先生，金昌柱先生，吉田満梨先生，寺﨑新一郎先生に講義や校務の面で大変お世話になっている。この場を借りて御礼申し上げたい。

本書に収めた研究ならびに本書の出版に際して，各所より多くのご支援を賜った。本書の出版にあたり，公益財団法人KDDI財団の著書出版助成をいただいた。本書第6章，第7章，および第9章における実証分析の消費者データの収集に際しては，日本プロモーショナル・マーケティング学会より，第10章における消費者データの収集に際しては，日本消費者行動研究学会より研究支援を賜った。これらの貴重なご支援をいただいたおかげで，本書の出版が実現することとなった。ここに深く感謝申し上げたい。

さらに，出版事情が厳しくなっている昨今，本書の刊行を快くお引き受けくださった株式会社千倉書房，そして編集作業および校正過程において多大なる時間と労力をかけてくださった編集部の岩澤孝氏に，心より感謝の意を表したい。

　最後に，筆者をいつも励まし，温かく見守ってくれる家族にも御礼を述べさせていただくことをお許し願いたい。学部，大学院時代から今日に至るまで，筆者が健やかに研究生活を送ることができたのは，家族が日常生活のあらゆる面から傍で支え続けてくれたおかげである。ここに心からの深い感謝の気持ちを表したい。

　　2019年8月

　　　　　　　　　　　　　　　　　　　　　　　菊盛真衣

参考文献

Adaval, Rashmi (2001), "Sometimes It Just Feels Right: The Differential Weighting of Affect-Consistent and Affect-Inconsistent Product Information," *Journal of Consumer Research*, Vol. 28, No. 1, pp. 1-17.

Alba, Joseph W. and J. Wesley Hutchison (1987), "Dimensions of Consumer Expertise," *Journal of Consumer Research*, Vol. 13, No. 4, pp. 411-454.

Alpert, Frank H. and Michael A. Kamins (1995), "An Empirical Investigation of Consumer Memory, Attitude, and Perceptions toward Pioneer and Follower Brands," *Journal of Marketing*, Vol. 59, No. 4, pp. 34-45.

Anderson, Eugene W. (1998), "Customer Satisfaction and Word of Mouth," *Journal of Service Research*, Vol. 1, No. 1, pp. 5-17.

Arndt, Johan (1967a), *Word of Mouth Advertising: A Review of the Literature*, New Work, NY: Advertising Research Foundation.

——— (1967b), "Role of Product-Related Conversations in the Diffusion of a New Product," *Journal of Marketing Research*, Vol. 4, No. 3, pp. 291-295.

——— (1968), "Selective Processes in Word of Mouth," *Journal of Advertising Research*, Vol. 8, No. 3, pp. 19-22.

Asch, Solomon E. (1946), "Forming Impressions of Personality," *The Journal of Abnormal and Social Psychology*, Vol. 41, No. 3, pp. 258-290.

——— (1956), "Studies of Independence and Conformity: I. A Minority of One against a Unanimous Majority," *Psychological Monographs: General and Applied*, Vol. 70, No. 9, pp. 1-70.

Babin, Barry J., William R. Darden, and Mitch Griffin (1994), "Work and/or Fun: Measuring Hedonic and Utilitarian Shopping Value," *Journal of Consumer Research*, Vol. 20, No. 4, pp. 644-656.

Bagozzi, Richard P. and Youjae Yi (1988), "On the Evaluation of Structural Equation Models," *Journal of the Academy of Marketing Science*, Vol. 16, No. 1, pp. 74-94.

Batra, Rajeev and Olli Ahtola (1991), "Measuring the Hedonic and Utilitarian Sources of Consumer Attitudes," *Marketing Letters*, Vol. 2, No. 2, pp. 159-170.

Baumgarten, Steven A. (1975), "The Innovative Communicator in the Diffusion Process," *Journal of Marketing Research*, Vol. 12, No. 1, pp. 12-18.

Bearden, William O. and Jesse E. Teel (1983), "Selected Determinants of Consumer Satisfaction and Complaint Reports," *Journal of Marketing Research*, Vol. 20, No. 1, pp. 21-28.

————, Donald R. Lichtenstein, and Jesse E. Teel (1984), "Comparison Price, Coupon, and Brand Effects on Consumer Ractions to Retail Newspaper Advertisements," *Journal of Retailing*, Vol. 60, No. 2, pp. 11-34.

Bickart, Barbara and Robert M. Schindler (2001), "Internet Forums as Influential Sources of Consumer Information," *Journal of interactive marketing*, Vol. 15, No. 3, pp. 31-40.

Blackwell, Roger D., Paul W. Miniard, and James F. Engel (2001), *Consumer Behavior, 9h ed.*, South-Western Thomas Learning.

Bloch, Peter H. and Marsha L. Richins (1983), "A Theoretical Model for the Study of Product Importance Perceptions," *Journal of Marketing*, Vol. 47, No. 3, pp. 69-81.

Bloom, Paul N. and James E. Pailin Jr. (1995), "Using Information Situations to Guide Marketing Strategy," *Journal of Consumer Marketing*, Vol. 12, No. 2, pp.19-27.

Bolton, Ruth N. and James H. Drew (1991), "A Longitudinal Analysis of the Impact of Service Changes on Customer Attitudes," *Journal of Marketing*, Vol. 55, No. 1, pp. 1-10.

Bone, Paula F. (1995), "Word-of-Mouth Effects on Short-Term and Long-Term Product Judgments," *Journal of Business Research*, Vol. 32, No. 3, pp. 213-223.

Broadbent, Donald, Robyn Vines, and Margaret Broadbent (1978), "Recency Effects in Memory, as a Function of Modality of Intervening Events," *Psychological Research*, Vol. 40, No. 1, pp. 5-13.

Brooks, Robert C. (1957), ""Word-of-Mouth" Advertising in Selling New Products," *Journal of Marketing*, Vol. 22, No. 2, pp. 154-162.

Brown, Steven P. and Richard F. Beltramini (1989), "Consumer Complaining and Word of Mouth Activities: Field Evidence," *Advances in Consumer Research*, Vol. 16, pp. 9-16.

Burzynski, Michael H. and Dewey J. Bayer (1977), "The Effect of Positive and Negative Prior Information on Motion Picture Appreciation," *The Journal of Social Psychology*, Vol. 101, No. 2, pp. 215-218.

Carver, Charles S. and Michael Scheier (1998), *On the Self-Regulation of Behavior*, Cambridge, UK: Cambridge University Press.

Charlett, Don, Ron Garland, and Norman Marr (1995), "How Damaging is Negative Word of Mouth?," *Marketing Bulletin*, Vol. 6, pp. 42-50.

Cheung, Christy, M.K. and Dimple R. Thadani (2012), "The Impact of Electronic Word-of-Mouth Communication: A Literature Analysis and Integrative Model," *Decision Support Systems*, Vol. 54, No. 1, pp. 461-470.

————, Matthew K.O. Lee, and Neil Rabjohn (2008), "The Impact of Electronic Word-of-Mouth: The Adoption of Online Opinions in Online Customer Communities," *Internet Research*, Vol. 18, No. 3, pp. 229-247.

Chevalier, Judith A. and Dina Mayzlin (2006), "The Effect of Word of Mouth on Sales: Online Book Reviews," *Journal of Marketing Research*, Vol. 43, No. 3, pp. 345-354.

Chintagunta, Pradeep K., Shyam Gopinath, and Sriram Venkataraman (2010), "The Effects of Online User Reviews on Movie Box Office Performance: Accounting for Sequential Rollout and Aggregation across Local Markets," *Marketing Science*, Vol. 29, No. 5, pp. 944-957.

Chiou, Jyh-Shen and Cathy Cheng (2003), "Should a Company Have Message Boards on Its Web Sites?," *Journal of Interactive Marketing*, Vol. 17, No. 3, pp. 50-61.

Chu, Shu-Chuan, and Sara Kamal (2008), "The Effect of Perceived Blogger Credibility and Argument Quality on Message Elaboration and Brand Attitudes: An Exploratory Study," *Journal of Interactive Advertising*, Vol. 8, No. 2, pp. 26-37.

Cui, Geng, Hon-Kwong Lui, and Xiaonig Guo (2012), "The Effect of Online Consumer Reviews on New Product Sales," *International Journal of Electronic Commerce*, Vol. 17, No. 1, pp. 39-57.

Day, George S. (1971), "Attitude Change, Media and Word-of-Mouth," *Journal of Advertising Research*, Vol. 11, No. 6, pp. 31-40.

Dellarocas, Chrysanthos (2003), "The Digitization of Word of Mouth: Promise and Challenges of Online Feedback Mechanisms," *Management Science*, Vol. 49, No. 10, pp. 1407-1424.

―――, Xiaoquan M. Zhang, and Neveen F. Awad (2007), "Exploring the Value of Online Product Reviews in Forecasting Sales: The Case of Motion Pictures," *Journal of Interactive Marketing*, Vol. 21, No. 4, pp. 23-45.

Dichter, Ernest (1966), "How Word-of-Mouth Advertising Works," Harvard Business Review, Vol. 44, No. 6, pp. 147-166.

Doh, Sun-Jae M. S. and Jang-Sun Hwang (2009), "How Consumers Evaluate eWOM (Electronic Word-of-Mouth) Messages," *Cyber Psychology & Behavior*, Vol. 12, No. 2, pp. 193-197.

Drolet, Aimee, Itamar Simonson, and Amos Tversky (2000), "Indifference Curves That Travel with the Choice Set," *Marketing Letter*s, Vol. 11, No. 3, pp. 199-209.

Duan, Wenjing, Bin Gu, and Andrew B. Whinston (2008), "The Dynamics of Online Word-of-Mouth and Product Sales: An Empirical Investigation of the Movie Industry," *Journal of Retailing*, Vol. 84, No. 2, pp. 233-242.

East, Robert, Kathy Hammond, and Wendy Lomax (2008), "Measuring the Impact of Positive and Negative Word of Mouth on Brand Purchase Probability," *International Journal of Research in Marketing*, Vol. 25, No. 3, pp. 215-224.

Ein-gar, Danit, Baba Shiv, and Zakary L. Tormala (2012), "When Blemishing Leads to Blossoming: The Positive Effect of Negative Information," *Journal of Consumer Research*, Vol. 38, No. 5, pp. 846-859.

Ellis, Michael J. (1973), *Why People Play?*, Upper Saddle River, NJ: Prentice-Hall. (森楙・大塚忠剛・田中享胤 訳 (1997)『人間はなぜ遊ぶか ――遊びの総合理論――』黎明書房)

Engel, James F., Robert J. Kegerreis, and Roger D. Blackwell (1969), "Word-of-Mouth Communication by the Innovator," *Journal of Marketing*, Vol. 33, No. 3, pp. 15-19.

Feick, Lawrence F. and Linda L. Price (1987), "The Market Maven: A Diffuser of Marketplace Information," *Journal of Marketing*, Vol. 51, No. 1, pp. 83-97.

File, Karen M. and Russ A. Prince (1992), "Positive Word-of-Mouth: Customer Satisfaction and Buyer Behaviour," *International Journal of Bank Marketing*, Vol. 10, No. 1, pp. 25-29.

Floh, Arne, Monika Koller, and Alexander Zauner (2013), "Taking a Deeper Look at Online Reviews: The Asymmetric Effect of Valence Intensity on Shopping Behaviour," *Journal of Marketing Management*, Vol. 29, No. 5-6, pp. 646-670.

Ford, Gary T., Darlene B. Smith, and John L. Swasy (1990), "Consumer Skepticism of Advertising Claims: Testing Hypotheses from Economics of Information," *Journal of Consumer Research*, Vol. 16, No. 4, pp. 433-441.

Goldenberg, Jacob, Barak Libai, and Eitan Muller (2001), "Talk of the Network: A Complex Systems Look at the Underlying Process of Word-of-Mouth," *Marketing Letters*, Vol. 12, No. 3, pp. 211-223.

Gremler, Dwayne, D., Kevin P. Gwinner, and Stephen W. Brown (2001), "Generating Positive Word-of-Mouth Communication through Customer-Employee Relationships," *International Journal of Service Industry Management*, Vol. 12, No. 1, pp. 44-59.

Gu, Bin, Jaehong Park, and Prabhudev Konana (2012), "The Impact of External Word-of-Mouth Sources on Retailer Sales for High-Involvement Products," *Information Systems Research*, Vol. 23, No. 1, pp. 182-196.

Gupta, Pranjal and Judy Harris (2010), "How e-WOM Recommendations Influence Product Consideration and Quality of Choice: A Motivation to Process Information Perspective," *Journal of Business Research*, Vol. 63, No. 9-10, pp. 1041-1049.

Halstead, Diane (2002), "Negative Word of Mouth: Substitute for or Supplement to Consumer Complaints?," *Journal of Consumer Satisfaction, Dissatisfaction and Complaining Behavior*, Vol. 15, No. 1, pp. 1-12.

Henning-Thurau, Thorsten, Kevin P. Gwinner, Gianfranco Walsh, and Dwayne D. Gremler (2004), "Electronic Word-of-Mouth via Consumer-Option Platforms: What Motives Consumers to Articulate Themselves on the Internet?," *Journal of Interactive Marketing*, Vol. 18, No. 1, pp. 38-52.

Herr, Paul M., Frank R. Kardes, and John Kim (1991), "Effects of Word-of-Mouth and Product-Attribute Information on Persuasion: An Accessibility-Diagnosticity Perspective," *Journal of Consumer Research*, Vol. 17, No. 4, pp. 454-462.

Higgins, E. Tory (1997), "Beyond Pleasure and Pain," *American Psychologist*, Vol. 52, No. 12, pp. 1280-1300.

Hirschman, Elizabeth C. and Morris B. Holbrook (1982), "Hedonic Consumption: Emerging Concepts, Methods, and Propositions," *Journal of Marketing*, Vol. 46, No.

3，pp. 92-101.

Holbrook, Morris B. and Rajeev Batra (1987), "Assessing the Role of Emotions as Mediators of Consumer Responses to Advertising," *Journal of Consumer Research*, Vol. 14, No. 3，pp. 404-420.

Holmes, John H. and John D. Lett Jr. (1977), "Product Sampling and Word-of-Mouth," *Journal of Advertising Research*, Vol. 17, No. 5，pp. 35-40.

Hovland, Carl, L. (1948), "Social Communication," *Proceedings of the American Philosophical Society*, Vol. 92, No. 5，pp. 371-375.

Howard, John A. and Jagdish N. Sheth (1969), *The Theory of Buyer Behavior*, John Wiley & Sons.

Huang, Jen-Hung and Yi-Fen Chen (2006), "Herding in Online Product Choice," *Psychology and Marketing*, Vol. 23, No. 5，pp. 413-428.

Huang, Peng, Nicholas H. Lurie, and Sabyasachi Mitra (2009), "Searching for Experience on the Web: An Empirical Examination of Consumer Behavior for Search and Experience Goods," *Journal of Marketing*, Vol. 73, No. 2，pp. 55-69.

Jacoby, Jacob and Wayne D. Hoyer (1981), "What if Opinion Leaders Didn't Know More? A Question of Nomological Validity," *Advances in Consumer Research*, Vol. 8，pp. 299-303.

Katz, Elihu and Paul F. Lazarsfeld (1955), *Personal Influence*, Piscataway, NJ: Transaction Publishers.（竹内郁郎 訳（1965）『パーソナル・インフルエンス』培風館）

Kelley, Harold. H. (1973), "The Processes of Causal Attribution," *American Psychologist*, vol. 28, No. 2，pp.107-128.

King, Charles W. and John O. Summers (1970), "Overlap of Opinion Leadership across Consumer Product Categories," *Journal of Marketing Research*, Vol. 7，No. 1，pp. 43-50.

Kruglanski, Arie W. and Donna M. Webster (1996), "Motivated Closing of the Mind: "Seizing" and "Freezing"," *Psychological Review*, Vol. 103, No. 2，pp. 263-283.

Laczniak, Russell N., Thomas E. DeCarlo, and Sridhar N. Ramaswami (2001), "Consumers' Responses to Negative Word-of-Mouth Communication: An Attribution Theory Perspective," *Journal of Consumer Psychology*, Vol. 11, No. 1，pp. 57-73.

Laurent, Gilles and Jean-Noël Kapferer (1985), "Measuring Consumer Involvement Profiles," *Journal of Marketing Research*, Vol. 22, No. 1，pp. 41-53.

Lazarsfeld, Paul F., Bernard Berelson, and Hazel Gaudet (1944), *The People's Choice: How the Voter Makes Up His Mind in a Presidential Campaign*, New York, NY: Columbia University Press.（有吉広介 監訳（1987）『ピープルズ・チョイス：アメリカ人と大統領選挙』芦書房）

Lee, Jumin, Do-Hyung Park, and Ingoo Han (2008), "The Effect of Negative Online Consumer Reviews on Product Attitude: An Information Processing View," *Electronic Commerce Research and Applications*, Vol. 7，No. 3，pp. 341-352.

Lee, Jung and Jae-Nam Lee (2009), "Understanding the Product Information Inference Process in Electronic Word-of-Mouth: An Objectivity-Subjectivity Dichotomy Perspective," *Information & Management*, Vol. 46, No. 5, pp. 302-311.

Lee, Mira and Seounmi Youn (2009), "Electronic Word of Mouth (eWOM) : How eWOM Platforms Influence Consumer Product Judgment," *International Journal of Advertising*, Vol. 28, No. 3, pp. 473-499.

Liu, Yong (2006), "Word of Mouth for Movies: Its Dynamics and Impact on Box Office Revenue," *Journal of Marketing*, Vol. 70, No. 3, pp. 74-89.

Luo, Xueming (2009), "Quantifying the Long-Term Impact of Negative Word of Mouth on Cash Flows and Stock Prices," *Marketing Science*, Vol. 28, No. 1, pp. 148-165.

Martilla, John A. (1971), "Word-of-Mouth Communication in the Industrial Adoption Process," *Journal of Marketing Research*, Vol. 8, No. 2, pp. 173-178.

Maxham III, James G. (2001), "Service Recovery's Influence on Consumer Satisfaction, Positive Word-of-Mouth, and Purchase Intentions," *Journal of Business Research*, Vol. 54, No. 1, pp. 11-24.

——— and Richard G. Netemeyer (2002), "Modelling Customer Perceptions of Complaint Handling over Time: The Effects of Perceived Justice on Satisfaction and Intent," *Journal of Retailing*, Vol. 78, No. 4, pp. 239-252.

Midgley, David F. and Grahame R. Dowling (1978), "Innovativeness: The Concept and Its Measurement," *Journal of Consumer Research*, Vol. 4, No. 4, pp. 229-242.

Miller, Norman and Donald T. Campbell (1959), "Recency and Primacy in Persuasion as a Function of the Timing of Speeches and Measurements," *The Journal of Abnormal and Social Psychology*, Vol. 59, No. 1, pp. 1-9.

Mittal, Banwari (1989), "Must Consumer Involvement Always Imply More Information Search?," *Advances in Consumer Research*, Vol. 16, pp. 167-172.

Mort, Gillian S. and Trista Rose (2004), "The Effect of Product Type on Value Linkages in the Means-End Chain: Implications for Theory and Method," *Journal of Consumer Behaviour*, Vol. 3, No. 3, pp. 221-234.

Myers, James H. and Thomas S. Robertson (1972), "Dimensions of Opinion Leadership," *Journal of Marketing Research*, Vol. 9, No. 1, pp. 41-46.

Nelson, Phillip (1970), "Information and Consumer Behavior," *Journal of Political Economy*, Vol. 78, No. 2, pp. 311-329.

——— (1974), "Advertising as Information," *Journal of Political Economy*, Vol. 82, No. 4, pp. 729-754.

Nunnally, Jum C. and Ira H. Bernstein (1994), *Psychometric Theory*, New York, NY: McGraw-Hill.

Nyilasy, Greg (2006), "Word of Mouth–What We Really Know--And What We Don't," in Justin Kirby and Paul Marsden, eds., *Connected Marketing*, London, UK:

Butterworth-Heinemann, pp. 161-185.

Oliver, Richard L. (1980), "A Cognitive Model of the Antecedents and Consequences of Satisfaction Decisions," *Journal of Marketing Research*, Vol. 17, No. 4 , pp. 460-469.

Pan, Yue and Jason Q. Zhang (2011), "Born Unequal: A Study of Helpfulness of User-Generated Product Reviews," *Journal of Retailing*, Vol. 87, No. 4 , pp. 598-612.

Park, Chan-Wook and Byeong-Joon Moon (2003), "The relationship between product involvement and Product Knowledge: Moderating Roles of Product Type and Product Knowledge Type," *Psychology & Marketing*, Vol. 20, No. 11, pp. 977-997.

Park, Cheol and Thae-Min Lee (2009), "Information Direction, Website Reputation and eWOM Effect: A Moderating Role of Product Type," *Journal of Business Research*, Vol. 62, No. 1 , pp. 61-67.

Park, Do-Hyung and Jumin Lee (2008), "eWOM Overload and Its Effect on Consumer Behavioral Intention Depending on Consumer Involvement," *Electronic Commerce Research and Applications*, Vol. 7 , No. 4 , pp. 386-398.

————— and Sara Kim (2008), "The Effects of Consumer Knowledge on Message Processing of Electronic Word-of-Mouth via Online Consumer Reviews," *Electronic Commerce Research and Applications*, Vol. 7 , No. 4 , pp. 399-410.

Peter, J. Paul and Jerry C. Olson (2010), *Consumer Behavior & Marketing Strategy*, McGraw-Hill Irwin.

Petty, Richard E. and John T. Cacioppo (1986), "The Elaboration Likelihood Model of Persuasion," *Advances in Experimental Social Psychology*, Vol. 19, pp. 123-205.

————— , Zakary L. Tormala, Chris Hawkins, and Duane T. Wegener (2001), "Motivation to Think and Order Effects in Persuasion: The Moderating Role of Chunking," *Personality and Social Psychology Bulletin*, Vol. 27, No. 3 , pp. 332-344.

Purnawirawan, Nathalia, Patrick De Pelsmacker, and Nathalie Dens (2012), "Balance and Sequence in Online Reviews: How Perceived Usefulness Affects Attitudes and Intentions," *Journal of Interactive Marketing*, Vol. 26, No. 4 , pp. 244-255.

Ranaweera, Chatura and Jaideep Prabhu (2003), "The Influence of Satisfaction, Trust, and Switching Barriers on Customer Retention in a Continuous Purchasing Setting," *International Journal of Service Industry Management*, Vol. 14, No. 4 , pp. 374-395.

Reingen, Peter H. and Jerome B. Kernan (1986), "Analysis of Referral Networks in Marketing: Methods and Illustration", *Journal of Marketing Research*, Vol. 23, No. 4 , pp. 370-378.

Reynolds, Fred D. and William R. Darden (1971), "Mutually Adaptive Effects of Interpersonal Communication," *Journal of Marketing Research*, Vol. 8 , No. 4 , pp. 449-454.

Richins, Marsha L. (1983), "Negative Word-of-Mouth by Dissatisfied Consumers: A Pilot Study," *Journal of Marketing*, Vol. 47, No. 1 , pp. 68-78.

————— (1984), "Word of Mouth Communication as Negative Information," *Advances in Consumer Research*, Vol. 11, pp. 697-702.

Riegner, Cate (2007), "Word of Mouth on the Web: The Impact of Web 2.0 on Consumer Purchase Decisions," *Journal of Advertising Research*, Vol. 47, No. 4, pp. 436-447.

Rogers, Everett M. (1962), *Diffusion of Innovations*, New York, NY: The Free Press. (三藤利雄 訳 (2007)『イノベーションの普及』翔泳社)

Schindler, Robert, M. and Barbara A. Bickart (2005), "Published Word of Mouth: Referable, Consumer Generated Information on the Internet," in Curtis P. Haugtvedt, Karen A. Machleit and Richard F. Yalch eds., *Online Consumer Psychology: Understanding and Influencing Consumer Behavior in the Virtual World*, Hillsdale, NJ: Lawrence Erlbaum Associates, pp. 35-61.

Schlosser, Ann E. (2011), "Can Including Pros and Cons Increase the Helpfulness and Persuasiveness of Online Reviews? The Interactive Effects of Ratings and Arguments," *Journal of Consumer Psychology*, Vol. 21, No. 3, pp. 226-239.

Sen, Shahana and Dawn Lerman (2007), "Why Are You Telling Me This? An Examination into Negative Consumer Reviews on the Web," *Journal of Interactive Marketing*, Vol. 21, No. 4, pp. 76-96.

Senecal, Sylvain and Jacques Nantel (2004), "The Influence of Online Product Recommendations on Consumers' Online Choices," *Journal of Retailing*, Vol. 80, No. 2, pp. 159-169.

Sher, Peter J. and Sheng-Hsien Lee (2009), "Consumer Skepticism and Online Reviews: An Elaboration Likelihood Model Perspective," *Social Behavior and Personality*, Vol. 37, No. 1, pp. 137-144.

Sheth, Jagdish N. (1971), "Word-of-Mouth in Low-Risk Innovations," *Journal of Advertising Research*, Vol. 11, No. 3, pp. 15-18.

Solomon, Michael R. (1986), "The Missing Link: Surrogate Consumers in the Marketing Chain," *Journal of Marketing*, Vol. 50, No. 4, pp. 208-218.

Strahilevitz, Michal and John G. Myers (1998), "Donations to Charity as Purchase Incentives: How Well They Work May Depend on What You Are Trying to Sell," *Journal of Consumer Research*, Vol. 24, No. 4, pp. 434-446.

Sundaram, D. S. and Cynthia Webster (1999), "The Role of Brand Familiarity on the Impact of Word-of-Mouth Communication on Brand Evaluations," *Advances in Consumer Research*, Vol. 26, pp. 664-670.

———, Kaushik Mitra, and Cynthia Webster (1998), "Word-of-Mouth Communications: A Motivational Analysis," *Advances in Consumer Research*, Vol. 25, pp. 527-531.

Sussman, Stephanie W. and Wendy S. Siegal (2003), "Informational Influence in Organizations: An Integrated Approach to Knowledge Adoption," *Information Systems Research*, Vol. 14, No. 1, pp. 47-65.

Swan, John E. and Richard L. Oliver (1989), "Postpurchase Communications by Consumers," *Journal of Retailing*, Vol. 65, No. 4, pp. 516-533.

Traylor, Mark and Alicia Mathias (1983), "The Impact of TV Advertising versus Word of Mouth on the Image of Lawyers: A Projective Experiment," *Journal of Advertising*, Vol. 12, No. 4, pp. 42-49.

Trusov, Michael, Randolph E. Bucklin, and Koen Pauwels (2009), "Effects of Word-of-Mouth versus Traditional Marketing: Findings from an Internet Social Networking Site," *Journal of Marketing*, Vol. 73, No. 5, pp. 90-102.

Udell, John G. (1966), "Prepurchase Behavior of Buyers of Small Electrical Appliances," *Journal of Marketing*, Vol. 30, No. 4, pp. 50-52.

Van Noort, Guda and Lotte M. Williemsen (2012), "Online Damage Control: The Effects of Proactive Versus Webcare Interventions in Consumer-Generated and Brand-Generated Platforms," *Journal of Interactive Marketing*, Vol. 26, No. 3, pp. 131-140.

Vessey, Iris and Dennis Galletta (1991), "Cognitive Fit: An Empirical Study of Information Acquisition," *Information Systems Research*, Vol. 2, No. 1, pp. 63-84.

Vaughn, Richard (1980), "How Advertising Works: A Planning Model," *Journal of Advertising Research*, Vol. 20, No. 5, pp. 27-33.

Walker, Beth, Richard Celsi, and Jerry Olson (1987), "Exploring the Structural Characteristics of Consumers' Knowledge, *Advances in Consumer Research*, Vol. 14, pp. 17-21.

Webster, Frederick E. Jr (1970), "Informal Communication in Industrial Markets," *Journal of Marketing Research*, Vol. 7, No. 2, pp. 186-189.

Webster, Donna M., Linda Richter, and Arie W. Kruglanski (1996), "On Leaping to Conclusions When Feeling Tired: Mental Fatigue Effects on Impressional Primacy," *Journal of Experimental Social Psychology*, Vol. 32, No. 2, pp. 181-195.

Westbrook, Robert A. (1987), "Product/Consumption-based Affective Responses and Postpurchase Processes," *Journal of Marketing Research*, Vol. 24, No. 3, pp. 258-270.

Wilson, William R. and Robert E. Peterson (1989), "Some Limits on the Potency of Word-of-Mouth Information," *Advances in Consumer Research*, Vol. 16, pp. 23-29.

Wright, Alice A. and John G. Lynch Jr. (1995), "Communication Effects of Advertising versus Direct Experience When both Search and Experience Attributes Are Present," *Journal of Consumer Research*, Vol. 21, No. 4, pp. 708-718.

Xia, Lan and Nada N. Bechwati (2008), "Word of Mouth: The Role of Cognitive Personalization in Online Consumer Reviews," *Journal of Interactive Advertising*, Vol. 9, No. 1, pp. 3-13.

Xue, Fei and Joseph E. Phelps (2004), "Internet-Facilitated Consumer-to-Consumer Communication: The Moderating Role of Receiver Characteristics," *International Journal of Internet Marketing and Advertising*, Vol. 1, No. 2, pp. 121-136.

Zaichkowsky, Judith L. (1987), "The Emotional Affect of Product Involvement," *Advances in Consumer Research*, Vol. 14, pp. 32-35.

Zhang, Jason Q., Georgiana Craciun, and Dongwoo Shin (2010), "When Does Electronic Word-of-Mouth Matter? A Study of Consumer Product Reviews," *Journal of Business Research*, Vol. 63, No. 12, pp. 1336-1341.

Zou, Peng, Bo Yu, and Yuanyuan Hao (2011), "Does the Valence of Online Consumer Reviews Matter for Consumer Decision Making? The Moderating Role of Consumer Expertise," *Journal of Computers*, Vol. 6, No. 3, pp. 484-488.

阿部周造 (1984)「消費者情報処理理論」中西正雄編著『消費者行動分析のニューフロンティア——多属性分析を中心に』誠文堂新光社, pp. 119-163。

小野晃典 (2002)『包括的マーケティング理論モデル——製品差別化と情報不完全性を中心として——』, 博士学位論文 (慶應義塾大学)。

菊盛真衣 (2013)「eクチコミ効果へのブランド熟知性の影響——消費者のブランド評価に着目して——」『プロモーショナル・マーケティング研究』, 第6巻, pp. 9-20。

――― (2014)「負のeクチコミが消費者心理に与える逆説的な影響」『Nextcom』, 第20巻, 第2号, pp. 24-33。

――― (2015)「eクチコミ正負比率の影響における製品間差異——探索財 対 経験財——」『市場創造研究』, 第4巻, pp. 5-14。

榊博文 (2002)『説得と影響：交渉のための社会心理学』ブレーン出版。

澁谷覚 (2006)「インターネット上の情報探索——消費者によって発信された体験・評価情報の探索プロセス——」『消費者行動研究』, 第13巻, 第1号, pp. 1-28。

――― (2013)『類似性の構造と判断——他者との比較が消費者行動を変える』有斐閣。

清水猛 (1988)『マーケティングと広告研究 [増補版]』千倉書房。

杉谷陽子 (2008)「インターネット上の口コミの有効性：情報の解釈と記憶における非言語的手がかりの効果」『産業・組織心理学研究』, 第22巻, 第1号, pp. 39-50。

中西正雄 (1984)「消費者行動の多属性分析」中西正雄編著『消費者行動分析のニューフロンティア——多属性分析を中心に』誠文堂新光社, pp. 3-26。

――― (1998)『消費者選択行動のニュー・ディレクションズ』関西学院大学出版会。

濱岡豊 (1993)「レビュー論文：消費者間相互依存／相互作用」『マーケティング・サイエンス』, 第2巻, 第1・2号, pp. 60-85。

――― (2002)「アクティブ・コンシューマーを理解する」『一橋ビジネスレビュー』, 第50巻, 第3号, pp. 57-73。

――――・里村卓也 (2009)『消費者間の相互作用についての基礎研究——クチコミ, eクチコミを中心に——』慶應義塾大学出版会。

深田博己 (2002)「説得研究の基礎知識」深田博己編『説得心理学ハンドブック：説得コミュニケーション研究の最前線』北大路書房, pp. 2-44所収。

主 要 事 項 索 引